말씀을 사랑하는 자녀 키우기

말씀을 사랑하는 자녀 키우기

여운학

규장

저자의 글

말씀만이
자녀의 삶을
변화시킨다

    성공을 지향하는 세상은 긍정적인 사고방식을 선호한다. 심지어 명망이 높은 목사님들도 설교에서 긍정적인 삶을 적극 권장하는 것을 본다. 얼핏 지극히 옳은 생각이며 바람직한 사고방식처럼 들린다.

    이와 유사한 말로는 유가(儒家)의 전화위복(轉禍爲福), 불가(佛家)의 일체유심조(一切唯心造) 등이 있다. 이 모두가 '긍정의 힘(肯定力)의 샘'이라는 공통점을 지니고 있다.

    나는 중학 시절에 교장선생님의 아침 훈화에서 전화위복과 새옹지마(塞翁之馬)의 득실 혹은 타산지석(他山之石) 등 사자성어 풀이를 들었다. 그러면서 일찍부터 스스로 운명을 조종할 수 있다는 생각을 깊이 가졌다.

내 삶을 지탱해준 책들

그 즈음에 데일 카네기(Dale Carnegy)의 《How to Win Friends & Influence People》(인간관계론) 번역본을 읽고 심취했다. 또 광복 직후였던 당시 형이 읽던 일어판 암파문고 《復活》(부활)을 읽고 기독교와 문학이 무엇인지 모르면서 톨스토이의 인생론이 어떻고, 또 '인생이란 무엇인가'를 즐겨 논하며 사색의 시간도 가졌다. 그렇게 또래 친구들보다는 인생에 대한 묵상과 고민을 많이 했다.

그러다 고등학교 2학년에 6·25동란을 맞았고, 1·4후퇴 때 홀로 고향 영동을 떠나 부산으로 피난을 갔다. 이처럼 온갖 어려움을 겪으며 고학생활하는 중에도 나는 전혀 낙심하지 않고 전화위복의 정신으로 굳건하게 살았다. 중학 시절, 교장선생님의 훈시와 긍정적인 책을 읽으며 뿌리 깊게 새겨진 긍정적인 사고방식에 힘입은 바가 컸다.

대학 시절엔 나름대로 진리를 찾아 영락교회나 안동교회에도 가끔 나가보았고, 이화여중 교정에서 열렸던 빌리 그레이엄 저녁집회에도 갔다. 특히 밀턴의 《실낙원》(失樂園) 원서 강독 시간을 좋아했던 기억이 생생하다.

질병을 겪으며 만난 예수

　30대에 들어서면서 불교에 관심을 갖기 시작한 나는 《반야심경》(般若心經)과 《금강경》(金剛經)을 독학으로 암송하면서 주해서와 참선을 통해 그 사상을 이해하려고 애썼다.

　반야심경의 핵심사상인 '색즉시공 공즉시색'(色卽是空 空卽是色, 있는 것이 없는 것과 다름없고, 없는 것이 있는 것과 다름없다)의 공사상(空思想)과 금강경의 핵심사상인 '응무소주 이생기심'(應無所住 而生其心, 머무는 바 없으면서 그 마음은 살아 움직인다)을 즐겨 암송 묵상했다.

　그러면서 인생은 오직 마음에 달렸다는 지극히 단조롭고 심오한 인생관인 '일체유심조' 곧 '세상은 마음으로 만들어내는 것'이라는 유심사상(唯心思想)에 몰입했다. '전화위복' 곧 '화를 돌려서 복으로 삼을 수 있다'라는 적극적인 생각을 뛰어넘어 인생을 달관하며 산다는 자긍심에 젖기도 했다.

　그러다가 40대 초에 척추디스크에 걸려 인생의 허무를 느낄 때, 먼저 믿음을 가지고 있던 아내의 권유로 병상에서 잠언과 전도서 그리고 시편에 심취했다. 나아가 사복음서와 이사야서와 바울의 서신서들을 읽으며 은혜를 받은 후에는 성경암송과 묵상에 빠져들었다.

진짜 긍정적인 삶을 살다

당시 나는 탐구당 출판사의 부사장으로서 정직한 세무장부를 만들지 못한 채 사업을 하는 데 큰 죄책감에 눌려있었다. 결국 세무사를 두고 부끄러움 없이 사업하고 싶은 마음에 기독교출판사 규장문화사(奎章文化社)를 차려 독립했다. 그리고 그때부터 인생의 쓴 맛을 보았다.

눈덩이처럼 불어나는 고리채를 감당하면서도 양심을 지키며 기독출판에 온 힘을 기울였다. 그렇게 캄캄한 고난 속에서 시편과 복음서와 바울 서신을 암송하고 묵상하며 기적 같은 하나님의 도우심으로 10년의 암흑터널을 통과할 수 있었던 것은 평생의 감사거리다.

성경 가운데 나의 심지를 굳게 잡아준 말씀은 바로 '로마서 8장 28절'이었다. 나는 이 말씀이 너무 좋아서 규장의 모든 간행물 판권에 '규장수칙 일곱 가지'와 '롬팔이팔'을 명기했고, 내가 경영일선에서 물러난 지금도 아들이 이 약속을 지켜나가고 있다.

우리가 알거니와 하나님을 사랑하는 자 곧 그의 뜻대로 부르심을 입은 자들에게는 모든 것이 합력하여 선을 이루느니라 롬 8:28

긍정적인 생각들 곧 '전화위복', '일체유심조'는 주체가 불완전한 인간이라는 공통점이 있는데 반해, '롬팔이팔'은 그 주체가 절대자 하나님이시다. 그런 뜻에서 모든 크리스천들이 롬팔이팔로 긍정적인 삶을 살면서 이를 세상에 알렸으면 좋겠다.

구원의 손길을 기다리며

하나님께서는 여호수아에게 가나안 정복의 총책임을 맡기시면서 '강하고 담대하라'는 말씀을 여호수아서 1장에서만도 네 번이나 반복하여 주셨다. 그리고 "내 말에 순종하면 가나안땅은 네 소유가 되리라"고 약속하셨다. 그리하여 여호수아는 하나님의 말씀을 믿음으로 어떤 어려운 일을 만나도 흔들리지 않고 순종하였으며, 하나님께서는 약속하신 말씀대로 가나안을 이스라엘의 소유로 만들어주셨다.

나는 지난 45년 동안 하나님의 말씀이 너무너무 좋아서 무뎌진 기억력을 되살려가며 암송을 지속했다. 암송한 말씀을 주야로 즐겨 묵상하면서 천길 낭떠러지 같은 험로를 무난히 통과했다. 수많은 고난의 여정을 지나며 '롬팔이팔의 하나님'의 말씀을 온전히 믿을 수 있게 되었다.

내가 여호와를 기다리고 기다렸더니 귀를 기울이사 나의 부르짖음을 들으셨도다 나를 기가 막힐 웅덩이와 수렁에서 끌어올리시고 내 발을 반석 위에 두사 내 걸음을 견고하게 하셨도다 시 40:1,2

이 말씀이 오직 나의 구원의 능력이었다. 어려울 때마다 이 시편 말씀을 반복암송하고 묵상하는 가운데 숨이 막힐 것 같은 웅덩이와 수렁에서 하나님이 구원의 손길을 내미시는 것을 느꼈고, 실제 기적 같은 일들이 일어났다.

여호와는 나의 빛이요 나의 구원이시니 내가 누구를 두려워하리요 여호와는 내 생명의 능력이시니 내가 누구를 무서워하리요 …

너는 여호와를 기다릴지어다 강하고 담대하며 여호와를 기다릴지어다 시 27:1,14

이 책은 하나님께서 그동안 내게 베푸신 크신 은혜와 말씀암송을 통해 깨닫게 하신 것들을 나누고자 썼다. 또한 믿음의 다음세대를 향한 내 간절한 바람을 담은 303비전성경암송학교의 지침서이다. 말씀을 사랑하는 자녀를 양육하기 원하는 부모님과 다음세대의 말씀 교육에 힘쓰는 교회 사역자들이 읽고 도전 받기를 바란다.

여운학

저자의 글

1 가정과 선생님과 멘토가 중요하다 15

유소년 시절의 추억 • 가정교육의 힘 • 나의 스승님들
인생을 이끌어주신 멘토들 • 주 안에서 바보 되고, 주 위하여 손해 보라
여호와를 기쁘시게 하는 믿음의 삶

2 자녀의 성장 단계별 말씀양육 41

마리아의 순종과 태교 • 요게벳의 영유아 교육 • 예수님의 유소년 교육
중2병의 비밀 • 사춘기 자녀를 어떻게 다룰까
사랑하는 대한민국의 젊은이들에게

3 품성교육에 집중하라 73

부모가 먼저 바뀌어야 한다 • 자율적인 생활화 훈련
온 가족 감사기도 일기쓰기 • 범사에 감사할 수 있는 힘
전천후 감사로 살다 • 자녀에게 결코 매를 대지 말라

4 하나님이 기뻐하시는 암송교육 103

말씀암송의 때가 이르렀다 • 생기와 생수를 묵상하며
조용히 일어나는 민족개조운동 • 신덕지체 훈련의 필요성
점진적인 말씀의 생활화 • 실천적 지혜

차례

5 암송교육은 부모의 사명이다 135

점진학교와 303비전성경암송학교 • 자녀교육, 이렇게 바꾸자
말씀에서 자녀양육의 지혜를 얻다
자녀가 살고, 가정이 살고, 교회가 사는 길 • 지속이 중요하다

6 교회의 암송교육 161

멘토십 교회 성장의 꿈 • 교회가 부흥하려면 생기가 살아나야 한다
말씀암송으로 생기가 넘치는 교회 • 어느 교회학교 전도사님의 편지
바람직한 영성훈련과 전도훈련

7 말씀대로 사는 훈련, 새 테필린 189

말씀대로 산다는 것 • 새 테필린으로 여는 자녀교육
유대인의 테필린과 우리의 새 테필린

8 독서와 묵상훈련 207

A. W. 토저의 〈목사서약 기도문〉을 묵상하며
《무릎 꿇는 그리스도인》을 읽고
〈지도자의 역설적인 십계명〉에 대해

이 시대의 가정이 바뀌어야 한다.
자녀들이 왕성한 기억력과 맑고 순수한 마음을 가진
어린시절부터 부모와 형제자매와 신앙을 키우고
사랑이 가득한 분위기에서 자랄 수 있어야 한다.

1장

가정과 선생님과
멘토가 중요하다

유소년 시절의
추억

　매년 5월이 되면 나의 유소년 시절에 어머니, 아버지, 형에게 받았던 사랑과 청소년 시절 중학교 담임선생님과 교장선생님에게 받았던 사랑과 인생훈이 생각난다.

　먼저 생각난 것은 어머니의 '구제미(救濟米) 나눠주기'이다. 어머니는 신식 공부는 하지 못했으나 남편을 존경하며 순종하셨다. 그런 모습을 보며 자란 나에게 어머니상(像)은 순종하는 여인, 사랑받는 아내 그리고 가난한 사람들을 조용히 돕는 어머니이다.

　일제의 착취가 극심하여 지극히 가난한 시절이었기에 봄이 오면 '보릿고개'라 하여 마을마다 쌀이 떨어져 쑥과 냉이, 각종 산나물을 뜯어다가 밀가루 수제비국에 넣고 삶아서 끼니를 때우는 가정이 많았다. 그래서 춘궁기만 되면 여기저기서 사람들이 굶어죽었다는 소문이 끊이지 않았다.

하지만 당시 우리 집은 조금 여유롭게 사는 편이었다. 그래서 어머니는 가을이면 세 개의 큰 독에 잘 건조된 나락을 가득 예비하였다가 가난한 사람들을 조용히 돕곤 하셨다.

학산면 산골짜기마다 흩어져 살고 있는 가난한 아주머니나 할머니들이 큰 보자기에 들나물이나 산나물을 싸서 가져오면, 어머니는 분량에 비례하여 나락을 나누어주셨다. 그들은 가져온 자루나 보자기에 나락을 담아 만면에 희색을 가득히 띠고 돌아갔다. 어머니는 푸짐한 봄나물을 이웃 사람들에게 거저 나누어주셨다.

아버지가 동네 큰 길에 나서면 청장년들이 "어르신 나오셨어요?" 하고 인사를 했고, 아버지는 "어이, 어이" 혹은 "오야, 오야" 하면서 인자한 웃음으로 일일이 받아주셨다. 그런 모습을 보며 자라서일까? 나도 손자손녀나 어린이들이 인사를 하면 이렇게 대답하는 버릇이 있다.

또한 아버지는 가난한 친척의 자녀들에게 장학금을 주어 공부를 시키셨다. 그래서 자연스럽게 나도 고학하던 대학 시절부터 장학회를 만들어 차세대를 가르치는 꿈을 꾸었다.

조국의 해방과 더불어 대한민국 정부가 수립될 즈음에 미군정 아래 있던 우리는 미국식 선거법으로 먼저 마을대표가 모여 면대표를 뽑았고, 그들이 모여 군수를 뽑았다. 영동군에서 11명의 면대표가 한 자리에 모여 투표했을 때 10대 1로 아버지가 초대 영동 군수가 되셨다. 말할 것도 없이 열 표는 아버지의 이름이었고, 한 표는 아버지가 다른 면 대표의 이름을 적으신 것이었다.

당시 초등학교 6학년이었던 나는 그 일을 보고 결심했다. 커서 만일 투표하는 일이 있으면 아버지의 겸양의 미덕을 이어가기 위해서라도 내 이름을 직접 쓰는 일은 하지 않으리라고. 그래서 교회에서 안수집사나 장로를 뽑을 때, 나는 한 표 차이로 떨어질망정 내 이름을 적지 않았다.

나보다 일곱 살 위인 형은 서울 명문 사립학교인 휘문중학교에 다녔다. 당시 아버지는 공식적으로 소정의 기부금을 내시고 형을 입학시켰던 것 같다. 그 덕분에 나는 서점도 없는 면소재지에서 자랐지만 형이 방학 때 사다준 《세계위인전기》와 《세계동화전집》을 읽고 꿈을 꾸며 자랄 수 있었다.

일제 시대였기에 위인전기에 히틀러, 무솔리니, 일본의 노기대장 등이 있었고, 에이브러햄 링컨도 있었다. 당시 학교에서 매월 첫 월요일 아침 조례시간에 학년별 대표로 뽑힌 아이가 나와서 전교생 500명 앞에서 발표회를 가졌다. 나는 반장도 아니었는데 자주 뽑혀 나가 위인들의 이야기와 동화를 발표했다.

하다보면 빠뜨린 이야기가 생각나서 다시 되돌아가 이야기를 추가하는 등 엉망이었지만 다른 아이들이 호랑이 담배 피우는 이야기, 소금장수 이야기밖에 못하는 데 비하여 나는 줄거리가 있는 이야기를 할 수 있었다.

여름방학 중 어느 날, 형과 동네 뒷산 등성까지 올라가서 뛰놀다 보니 형이 보이지 않았다. 놀라서 사방을 둘러보아도 고요하기만 하고 형은 없었다. 나는 "서엉! 서엉!" 하고 목이 터지게 부르다가 공포에 질려 허둥지둥 굴러가며 산에서 내려왔다.

집에 와도 얄미운 형은 보이지 않았다. 내가 속은 것이 분해서 씩씩거리고 있는데, 잠시 후에 형이 빙그레 웃으며 들어왔다. 나무 뒤에 숨어서 내가 어떻게 행동하는지 보고 있었던 것이다. 겁이 많던 내 담력을 키우려 했던 형이 지금 생각하면 고맙기만 하다.

가정교육의 힘

나는 지금 여든이 넘은 노년이지만 이 나라의 존귀한 다음세대를 위해 열심히 살고 있다. 40년 전에는 기독교 출판문화를 위하여 열심을 다했고, 30여 년 전부터는 이슬비전도학교를 통해 뛰었으며, 약 20년 전부터는 성경암송학교를 열고 이동식 단기교육으로 유니게과정을 실시하고 있다.

이 과정을 통해 젊은 어머니들과 교회 교역자와 교회학교 교사들에게 성경암송 훈련을 시키며 어린 자녀가 인도하는 암송가정예배를 날마다 드리도록 가르치고 있다.

또한 말씀암송으로 태교하여 온유하고 지혜로우며 말씀을 좋아하는 품성(稟性)을 가진 아이가 태어나게 하는 민족개조운동을 확신을 가지고 조용히 벌이고 있다. 돌이켜 생각하면, 내가 어려서부터 보고 듣고 배운 가정교육의 경험이 그 바탕을 이루고 있는 것이 아닐까 싶다. 물론 주께서 나에게 말씀을 사모하는 마음을 주셨고, 또 말씀암송의 유익을 45년간 누리게 하셔서, 주께 받은 사명을 다하기 위함임은 말할 것도 없다.

  이 시대의 가정이 바뀌어야 한다. 자녀들이 왕성한 기억력과 맑고 순수한 마음을 가진 어린시절부터 부모와 형제자매와 함께 신앙을 키우고 사랑이 가득한 분위기에서 자랄 수 있어야 한다.

나의 스승님들

나는 많은 스승님의 은혜로 어떤 환경에 처하든지 항상 꿈을 품고 행복하게 살 수 있었다. 먼저 생각나는 김기창(金基昌) 선생님은 광복 직후인 중학교 1학년 때 담임선생님이셨다. 당시 선생님은 40대로 국사(國史)와 원예(園藝)를 가르치셨다. 테니스도 잘 치셨다. 나는 선생님의 사랑과 칭찬을 먹고 시골 농업학교를 다니면서도 자중심(自重心)을 가질 수 있었다.

여름과 겨울방학 때면 필수 과제로 일기를 써내야 하는데, 개학이 가까이 왔을 때 벼락치기로 써내면서 평소에 읽었던 세계위인전을 떠올려 "나도 손문 선생과 같은 인물이 되고 싶다"라는 식으로 써내곤 했다. 그러면 선생님은 내 일기장에 칭찬과 격려의 글을 큼직한 글씨로 꼭 써주셨다. 내가 벼락치기로 쓴 일기라는 사실을 다 아시면서도 모르는 체하시면서 "너는 장차 위대한 인물이 될 것을 선생님은 믿는다"

라는 격려문을 써주셨다.

303비전성경암송학교 초기에 내가 아무리 바쁘고 피곤하여도 유니게과정의 숙제로 제출하는 모든 엄마들의 암송일기 여백에 성심껏 격려와 칭찬과 도움의 말을 써줄 수 있었던 것도 이런 이유다.

또한 중학 시절의 송재형(宋在衡) 교장선생님의 은혜도 말할 수 없이 크다. 영동농업학교 500명의 학생들에게 월요일 아침 조회시간마다 인생훈(人生訓)을 열정적으로 강론하시며 농촌 학생들의 꿈을 키워주셨다. 그 가운데 '전화위복', '타산지석', '새옹지마' 같은 고사(故事)를 자상하게 풀이해주셨다.

그 훈화는 민감한 사춘기의 나에게 큰 인생지침이 되었다. 내가 고2 때 6·25사변을 만나 아버지를 여의고, 1·4후퇴 때 화물열차에 올라타서 홀로 부산으로 내려가 온갖 세파를 이겨내며 독학으로 대학에 입학할 수 있었던 것은 그 훈화에서 얻은 지혜 덕분이었다.

대학생활에서 잊지 못할 스승님은 서울대 사대 물리과주임 황득현(黃得鉉) 교수님이다. 부산 피난시절의 부조리 속에서 나는 고등학교 졸업증을 고학하며 번 돈으로 고등학교 1년분의 수업료를 일시에 지불하고 샀다. 이 모든 사실을 구두시험장에서 실토하면서 대학에 입학만 시켜주신다면 열심히 공부하겠노라고 황 교수님에게 말씀드렸다.

당시는 미국 학제를 따라 가을 신학기제였다. 한여름에 부산 동대신동 운동장에 천막을 치고 선풍기도 없이 용광로 같은 막사 안에서 나는 교수님과 일대일로 앉아 한 시간 동안 구두시험을 치렀다. 쉬운 미적분 문제를 내주시면 쉽게 정답을 썼다. 그러면 교수님은 조금 어려운 미적분 문제를 제시하셨다. 나는 땀을 뻘뻘 흘리면서 문제를 풀었지만 결국 풀지 못했다. 야간강습소에서 단 3개월 동안 미적분을 배웠기 때문이었다.

황 교수님은 '이 놈을 떨어뜨려야 하나? 떨어뜨리자니 좀 아깝기도 하고 불쌍하기도 한데…' 하며 망설이시느라 긴 시간을 끌었다. 반면 다른 수험생들은 1분도 채 되지 않아 시험장 밖으로 나왔다. 그 후에 화학과, 생물과, 사회과, 가정과, 교육과, 체육과 등 다른 과는 30명의 합격자 명단이 발표되었는데 물리과는 단 2명이었고, 거기에 내 이름이 있었다.

나중에 안 사실이지만, 교수님은 당시 서울대 의대에서 독어를 강의하셨는데, 의예과를 낙방한 학생 중에 제2지망을 물리로 택한 28명을 사대 물리과로 끌어온 덕에 평균 실력이 다른 과에 비해 꽤 높은 편이었다고 들었다.

그 후, 나는 교수님 댁에 자주 놀러가서 사랑도 많이 받았고, 서가에 꽂혀 있던 일본어로 된 500페이지가 넘는 《力學》(역학)을 선물 받아 혼자 학습하는 데 도움을 얻기도 했다. 한편, 나는 학생의 입장에서 교수님의 수업방식에 지혜를 알려드려서 작은 도움을 드리기도 했다. 학생들이 떠들건 말건 아랑곳하지 않고 자신의 강의만 열심히 하고 마치시는 것이 안쓰러워서 이렇게 말씀드렸다.

"교수님, 강의 도중에 학생을 가끔 지목하여 세우고 질문을 하세요. 그러면 정신을 바짝 차려서 강의를 잘 들을 거예요."

그 후부터 강의시간의 분위기가 확 변했다. 나는 지금도 암송교육 강의를 하다가 가끔 청강하는 엄마 한 명에게 질문을 던지기도 한다.

이렇게 나에겐 생각할수록 감사하고 그리운 스승님들이 많다. 그 가운데에서도 암송의 도전을 주신 분들을 생각하면 얼마나 감사한지 모른다. 중학시절, 여름방학과 겨울방학에 《중용》과 《대학》을 가르쳐주신 아버지는 나의 가장 큰 스승님이시다.

이 두 책을 뗐다는 것은 다 외웠다는 뜻이다. 분량이 성경처럼 많은 것은 아니지만, 일단 원문을 외우되 막힘없이 암송한 다음에 그 넓고 깊은 뜻을 배우고 묵상하는 것이 한문학습의 원리이다.

그런 암송훈련이 일찍부터 몸에 배었기 때문에 나는 즐겨 성경을 암송했고, 스스로 개발한 성경암송법인 '하니비암송법'으로 현재까지 9천여 명에 이르는 젊은 엄마들을 가르쳐 오고 있다. 그리고 그런 엄마들에게 암송교육을 받은 어린 자녀들은 수만 명에 이른다.

유니게 단계별 암송병풍카드

이처럼 좋은 스승님들을 만나게 하신 하나님께 감사드리며, 이 생명이 다하기까지 내가 받은 사명인 303비전을 위하여 즐겨 헌신할 것을 다짐한다.

내가 달려갈 길과 주 예수께 받은 사명 곧 하나님의 은혜의 복음을 증언하는 일을 마치려 함에는 나의 생명조차 조금도 귀한 것으로 여기지 아니하노라 행 20:24

인생을 이끌어주신
멘토들

마흔에 예수님을 구주로 영접하기 전까지 나의 멘토는 아버지와 어머니 그리고 형이었다. 중고등학교 시절엔 중1 담임선생님과 교장선생님이었으며, 책을 통해서는 《인간관계론》의 데일 카네기를 손꼽을 수 있다. 대학 시절엔 단연 1학년 담임교수님이었고, 책을 통해서는 슈바이처, 톨스토이였다. 사회생활을 하면서부터는 유교사상의 집대성인 《대학》, 《중용》의 인본주의 사상 및 불교사상의 집대성인 《반야심경》과 《금강경》의 영향을 많이 받았다.

그러나 예수님을 구주로 영접한 이후, 나의 인생 후반 45년의 4대 멘토는 단연 김용기(金容基) 장로, 장기려(張起呂) 박사, 한경직(韓景職) 목사, 도산 안창호(島山 安昌浩) 선생이다. 앞의 세 분과는 대화를 직접 나누면서 보고 들은 교훈과 그 분들의 글과 삶을 통해서 배우고 깨달은 바가 크다.

도산은 이광수와 주요한이 쓴 그 분의 전기를 읽고 깨달은 바가 커서 그의 사상과 삶을 내 삶에 적용하려고 노력해왔다. 멘토 네 분에게 받은 은혜를 나누고 싶다.

김용기 장로를 생각하면 일제의 극심한 핍박 속에서도 흔들리지 않은 확고한 믿음, 민족구원에 대한 투철한 사명의식, 부지런한 신행일치의 삶이 떠오른다.

장기려 박사를 생각하면 정금 같은 순수한 믿음, 가난한 자에 대한 지극한 사랑, 천부적인 겸손함과 희생적인 베풂이 떠오른다.

한경직 목사를 생각하면 지극한 사랑과 겸손과 헌신과 믿음, 전쟁 중의 난민과 과부와 고아들을 위한 구제와 보호, 십자가의 도를 삶으로 보여주는 리더십이 떠오른다.

도산 안창호 선생을 생각하면 지혜와 희생을 통한 애국의 삶, 정직과 사랑, 후세대 양육, 거시적이면서 현실적인 교육비전과 상해 대한민국 임시정부의 수립과 흥사단운동이 떠오른다.

김용기 장로는 도산의 이상촌 구상을 국내에서 이루어냈다. 기독교 농민운동에 뜻을 품고 경기도 양주에 '봉안 이상촌'을 세워 민족생활 갱신운동을 벌였다.

일제가 '공출'이라는 이름으로 착취하는 벼농사를 전폐하고 공출대상이 아닌 고구마와 잡곡들만 농사지어 1년 내내 고구마로 주식을 삼

있다. 그래서 그는 고구마를 12개월 동안 안전하게 저장할 수 있는 저장법을 창안하기도 했다.

지금도 그가 세운 농군학교에 가보면 그 유명한 고구마 저장고를 볼 수 있다. 신림 농군학교에 있는 그 분의 사택의 낮은 담에는 돌이 서 있다. "왜 돌을 세워놓으셨습니까?"라고 묻는 견학생들에게 김 장로는 "게으른 자는 눕기를 좋아한다. 세워진 돌을 보고 도전받아 부지런히 일하는 우리가 되어야 하지 않겠는가?"라고 대답했다.

'근로, 봉사, 희생'이 가나안농군학교의 교훈이다. 한국의 새마을운동의 모델이 이 학교라는 사실은 자타가 공인한다. 이슬비전도학교와 303비전성경암송학교도 이 학교의 설립정신을 본받은 바가 크다.

지금 모든 규장 도서의 판권마다 명시하고 있는 '규장수칙 일곱 가지'도 그의 하나님 중심의 실천적 신앙에서 크게 영향을 받았다. 그의 대표작인 《가나안으로 가는 길》은 여명 한국의 영혼을 일깨운 책으로 유명하다.

장기려 박사는 '한국의 슈바이처'라고 불렸다. 그는 간 절제 수술의 세계적 권위자이면서 독실한 기독교 신자였다. 1·4후퇴 때, 부인과 네 남매를 북에 두고 막내아들만 데리고 남하하여 종신토록 혼자 살다가 소천했다.

피난지인 부산에서 후배 내과의 전종휘 박사와 천막을 치고 병원을 세워 날마다 가난하고 긴급한 환자 수십 명을 목재 침대 위에서 수술하면서도 자신과 응급차 기사는 각각 2인분의 생활비를, 가족이 많은 전 박사는 가족 수에 따라 더 많은 생활비를 가져가게 했다. 나중에 이 천막병원이 부산복음병원이 되었다.

후에 그는 청십자병원을 세워 환자들을 치료했는데 약품을 구입할 돈이 떨어지자 당시 스웨덴 구급선 책임자가 선물한 종합비타민을 처방시약으로 환자들에게 먹였다. 그 환자들이 놀랍게 회복한 일이나 그가 가난한 피난민들을 수없이 살려낸 일화는 매우 유명하다.

또한 스웨덴의 의료보험제를 과감히 도입하여, 보험에 가입하면 국산담배 한 갑 정도의 보험료만으로 치료해주다 보니 회원이 갑자기 많이 늘었다(한국의 의료보험제도가 청십자병원의 이 제도를 본받아 시작되었다고 한다).

가난한 환자들이 입원비가 없다고 애원하면 거저 퇴원시키곤 했다. 그래서 병원 운영비가 떨어지자 제자들로 구성된 병원 스태프들이 고민한 끝에 "선생님은 이제 환자의 병만 치료하시고 치료비 지불에 대해서는 저희에게 일임해주세요. 그렇다고 저희가 무리하게 돈을 많이 받는 것도 아니잖아요" 하고 호소했다고 한다.

장기려 박사의 바보스러울 정도로 착했던 성품을 보여주는 일화가 생각난다. 부산 청십자병원의 사무국장이 해준 말이다. 장기 입원환자 중에 집이 가난하여 밀린 치료비를 낼 수 없어 애타는 환자들이 원장실에 찾아가서 "선생님, 퇴원을 하려 해도 입원비가 없어서…" 하며 눈물을 흘리면 그 자리에서 사무직원을 불러 "이 환자의 병이 다 나았으니 퇴원시키도록 하세요"라고 했다는 소문이 퍼졌다. 그러자 돈이 있는 환자들도 앞다투어 몰래 원장실을 찾아가 눈물로 호소하는 일이 다반사가 되었다고 한다.

마침내 병원의 운영이 어려워지자 사무국장 본인이 "저희가 알아서 환자에게 결코 무례하게 하지 않을 테니, 퇴원 문제는 저희에게 맡겨주십시오"라고 탄원하자, "그리 하십시오"라고 한 후부터 박사는 자기의 주머니에서 돈을 꺼내주었다.

그러다 한번은 큰 수술을 하고 다 치유된 장기 입원환자가 그대로 병실에 있는 것을 보고 그를 원장실로 불러서 "농부인 당신이 여기 있으면 가족이 굶어죽을 테니 밤중에 살짝 병원에서 도망쳐 나가서 농사를 열심히 지어 돈이 마련되거든 밀린 입원비를 가져오시오"라고 했다.

그러자 순진한 농부가 펄쩍 뛰면서 "벼룩도 낯짝이 있지 그렇게는 몬합니데이. 어찌 도망치라 하십니꺼?" 하며 눈물을 흘렸으나 결국 그 농부는 밤중에 도망쳤고, 훗날 입원비 전액을 가져왔다는 마음 따뜻한 이야기이다. 원장이 환자에게 야간도주하라고 권면하는 그 마음과 삶을 어찌하면 비슷하게나마 닮을 수 있으랴.

한경직 목사를 생각하면 따뜻한 사랑과 겸손한 천부의 권위와 약자에 대한 자상한 돌봄의 지도자상이 떠오른다. 영락교회에 등록된 가정에서 초상이 나면 교회 경조부에서 책임지고 장례를 치르다보니, 청계천 판잣집 피난민들 가운데 초상 직전에야 교회에 등록하는 사례가 많아졌다. 그러자 담당 장로가 긴급제안을 했다.

"목사님, 이제부터는 등록하고 한 달 이상 된 가정에 한해서 장례를 치러주는 것으로 해야겠습니다."

하지만 그는 웃으며 "그대로 해줘요"라고 했다고 한다. 당회에서 한 사람이라도 반대하면 아무리 중요하고 긴급한 안건이라도 의결을 다음주로 미뤘으며, 그 후 안건에 반대한 장로를 집으로 찾아갔다. 그 이야기를 듣고 누군가가 "목사님이 다수결로 의결하시면 될 텐데요"라고 하자 목사는 조용히 미소 지으며 "교회는 주 안에서 그저 화목한 것이 제일이야요"라고 말했다 한다.

나는 《한경직 목사》를 출판하기 위해 자주 그의 사택이 있던 남한산성을 찾았다. 일을 마치고 돌아올 때마다 그는 마당까지 나와 따뜻한 미소로 작별인사를 했고, 내가 멀리 보이지 않을 때까지 손을 흔들어주었다.

도산 안창호 선생은 나의 마지막 멘토이다. 그의 정의돈수(情誼敦修) 곧 '사랑하기 공부'와 무실역행(務實力行) 곧 '진실을 생명으로 삼고 성실하게 일하며 언행이 일치하는 삶'을 강조하는 흥사단(興士團) 정신은 규장수칙과 303비전의 기본 철학이 되었다.

"목에 칼이 들어와도 거짓말은 하지 말라."

"꿈에 거짓말하였거든 깨어서라도 회개하라."

"사랑의 실천을 위하여 배우고 익히는 훈련을 부지런히 하라."

"세계 열방의 도움으로 독립국가가 된다 하여도 국민의 기본교양과 높은 도덕심과 애국적 결단이 없이는 나라를 유지해나갈 수 없다."

그의 정신은 오늘날 더욱 유효하다. 안창호 선생은 종래의 지덕체(知德體)를 덕체지(德體知)로 바꾸어 불렀기에 303비전에서는 신덕지체(信德知體)로 바꾸어 신앙인격과 강건한 몸 관리를 강조한다.

주 안에서 바보 되고,
주 위하여 손해 보라

영육 간에 남을 돕기 원하고 남을 행복하게 해주기 원하는 이타적인 사람이 많았으면 좋겠다. 그런 사람으로는 단연 장기려 박사가 떠오른다. 1970년대의 일이다. 나는 H신문에 연재되던 장 박사의 《나의 이력서》를 읽고 그의 인격과 삶에 감동받아 그를 사숙(私淑)하게 되었으며, 그의 글을 모아 책으로 펴내어 많은 젊은이들에게 인생의 등대가 되게 하고 싶었다.

부산 청십자병원까지 찾아가서 나의 뜻을 전하자, 그는 자신의 생전에는 책을 내지 않을 것이라고 부드러운 어조로 단호하게 거절했다. 이후 나는 하나님의 인도로 명륜동의 이비인후과의원 원장이면서 그의 애제자인 며느리의 도움을 얻어 마침내 3권의 책을 펴냈다(장 박사가 자신의 글모음을 본인 이름으로 출판하는 것을 허락하지 않아서 내 이름으로 엮어 내었다. 《생명과 사랑》, 《평화와 사랑》, 《인간 장기려 박사》는 스테디셀러가 되었다).

그의 애제자 서넛과 함께 복음병원을 방문했을 때의 일이다. 병원 옥상의 거실에 있는 장방형 테이블 앞에서 쭈뼛쭈뼛하면서 서로 자리를 양보하고 서 있는 모습을 보고 "여기는 상석도 하석도 없는 곳이니 아무 데나 편한 대로 앉으시오"라고 했던 그의 말이 잊히지 않는다.

장 박사는 소탈하고 꾸밈이 없었다. 대화 중에 "박사님의 인생훈을 써주시면 감사하겠습니다"라는 나의 말이 떨어지자마자 그는 흔쾌히 한지에 붓으로 "주 안에서 바보 되고, 주 위하여 손해 보라"를 정갈하게 써주었다.

이를 나의 가훈(家訓)으로 삼았고, 다섯 아들들의 가정마다 직접 한지에 정성들여 써서 나누어주었다. 그들은 모두 가훈이 적힌 종이를 액자에 넣어 거실 벽에 걸어놓았다.

그런데 어느 날, 넷째 며느리가 목멘 소리로 전화를 했다. 무례한 집주인이 지금 세 들어 살고 있는 아파트의 보증금을 갑절로 올려주든지 집을 당장 비우든지 하라는 전화를 했다고 한다. 아들이 시종 "네, 네…" 하더니 "잘 알겠습니다" 하고 수화기를 내려놓는 것을 보고, 며느리가 답답하고 안타까워서 말했다고 한다.

"그런 법이 어디 있느냐는 말 한 마디도 하지 않고, 마치 당장 갑절로 올려줄 돈이라도 준비해 놓은 사람처럼 그리도 태평하게 전화를 받으면 이 험한 세상을 어떻게 살아갈 수 있겠어요? 당장 그 큰 돈을 어디서 구하려고요?"

그러자 아들이 "저 가훈, 몰라?" 하며 액자를 가리키더라는 호소였다. 착하기만 한 아들이 아비인 나에겐 눈물겹도록 대견하면서도, 경제력 없이 태평하기만 한 남편과 두 아들을 키우며 사는 며느리가 안쓰럽기도 했다. 그래서 나는 비교적 적은 돈으로 구입할 수 있는 아담한 집을 살 수 있도록 도와주었다.

결국 이 아들은 가훈을 지키려는 마음 덕에 치과와 내과의원을 운영하면서도 전세 아파트에 살고 있는 형들보다 먼저 집을 갖게 되었다.

여호와를 기쁘시게 하는
믿음의 삶

　나는 장기려 박사가 직접 써준 교훈 "주 안에서 바보 되고, 주 위하여 손해 보라"를 일찍이 가훈으로 삼고, 이후 303비전장학회의 모토로도 삼았다. 그런데 한 장학생이 '주 위하여 손해 보라'는 말씀 때문에 억울함을 참느라 얼마나 힘이 들었는지 모른다는 말을 듣고, 이 모토를 수정해야겠다는 생각이 들었다.

　곧 "주 안에서 즐겨 바보 되고, 주 위하여 기뻐 손해 보라"로 가훈과 장학회 모토를 보충수정했다. 억지로 참으며 바보 되고, 이를 갈며 손해 보는 것은 하나님의 뜻이 아니라는 생각에서였다.

　그러나 주 안에서 즐겨 바보 되고, 주 위하여 기뻐 손해 보기는 결코 쉬운 일이 아닌 줄 안다. 그럼에도 불구하고 믿음의 사람은 그리 살아야 하지 않겠는가!

　어느 날, 오래전에 애용하던 세로쓰기 성경책에서 나의 메모를 발견했다. 빌립보서 위 공간에 붉은 펜으로 이렇게 씌어 있었다.

'그리스도인의 삶의 모습은 세상 사람들이 읽는 성경이다.'

그렇다. 우리 믿음의 사람들은 성령의 도우심을 입어 주 안에서 즐겨 바보 되고, 주 위하여 기뻐 손해 보라는 인생훈을 가지고 이를 지키며 살아야 한다. 그래야 세상 사람들이 그 사는 모습을 보고 하나님을 믿고 싶어 지리라.

사람의 행위가 여호와를 기쁘시게 하면 그 사람의 원수라도 그와 더불어 화목하게 하시느니라 잠 16:7

인간은 교육을 통하여 품성이 향상된다.

그래서 선천적 교육과 후천적 교육이 이어지는 것이 필요하다.

바로 태교와 영유아의 품성교육(品性敎育)이다.

2장

자녀의 성장 단계별
말씀양육

마리아의
순종과 태교

우리는 날로 거칠어지고 거짓이 판치는 요즘 세태를 보고 큰 한숨을 짓지 않을 수 없다. 그래서 자녀양육에 더욱더 구체적이면서 현실적인 대안이 필요하다. 여러 가지가 있겠으나 그 가운데 가장 좋은 예를 성경 속의 마리아의 태교(胎敎)에서 찾을 수 있다.

인간은 교육을 통하여 품성이 향상된다. 그래서 선천적 교육과 후천적 교육이 이어지는 것이 필요하다. 바로 태교와 영유아의 품성교육(品性敎育)이다.

나는 누가복음 1장을 묵상하면서 마리아의 태교에 관심을 갖게 되었다. 후세대를 낳을 젊은 엄마들이 마리아의 순종과 태교에 관한 말씀을 보고 본을 받아 말씀태교에 힘쓴다면, 예수 그리스도의 성품을 닮은 자녀를 낳을 수 있으리라는 지혜와 소망을 얻는다.

천사 가브리엘은 먼저 나이 많은 엘리사벳의 남편 사가랴에게 찾아가서 주의 길을 예비할 아들을 낳으리라는 하나님의 말씀을 전한다. 그리고 여섯 달 후에 하나님의 보내심을 받아 갈릴리 나사렛이란 동네로 간다. 그곳에서 요셉이라 하는 사람과 약혼한 처녀에게 이르니, 그 처녀의 이름은 마리아라고 기록되어 있다.

가브리엘이 마리아에게 들어가 이르되 "은혜를 받은 자여 평안할지어다. 주께서 너와 함께 하시도다!" 하니 처녀가 그 말을 듣고 놀라서 당황하자 천사가 말한다.

"마리아여, 무서워하지 말라. 네가 하나님께 은혜를 입었느니라. 보라, 네가 잉태하여 아들을 낳으리니, 그 이름을 예수라 하라. 그가 큰 자가 되고 지극히 높으신 이의 아들이라 일컬어질 것이요, 주 하나님께서 그 조상 다윗의 왕위를 그에게 주시리니, 영원히 야곱의 집을 왕으로 다스리실 것이며, 그 나라가 무궁하리라."

그러자 마리아가 놀라서 "나는 남자를 알지 못하니 어찌 이 일이 있으리이까?"라고 묻자 천사가 말한다.

"성령이 네게 임하시고 지극히 높으신 이의 능력이 너를 덮으시리니, 이러므로 나실 바 거룩한 이는 하나님의 아들이라 일컬어지리라. 보라, 네 친족 엘리사벳도 늙어서 아들을 배었느니라. 본래 임신하지 못한다고 알려진 이가 이미 여섯 달이 되었나니, 대저 하나님의 모든 말씀은 능하지 못하심이 없느니라."

마리아가 이르되 "주의 여종이오니 말씀대로 내게 이루어지이다!"라고 하매 천사가 떠나갔다고 기록되어있다. 당시 유대에서 결혼하지 않은 처녀가 아이를 낳으면 동네 사람들한테 돌로 맞아 죽을 위기에 처했다. 그런 상황에서 죽으면 죽으리라 하는 마음으로 천사의 말에 순종한 마리아의 믿음이 참으로 장하다.

그 후에 마리아가 일어나 유대 산골 한 동네에 이르러 사가랴의 집에 들어가 엘리사벳에게 문안한다. 그런데 마리아가 문안하는 소리를 듣자마자 엘리사벳의 복중의 아이가 뛰노는 것이 아닌가!

엘리사벳이 성령의 충만함을 받아 큰 소리로 말한다.

"여자 중에 네가 복이 있으며 네 태중의 아이도 복이 있도다. 내 주의 어머니가 내게 나아오니, 이 어찌 된 일인가? 보라! 네 문안하는 소리가 내 귀에 들릴 때에 아이가 내 복중에서 기쁨으로 뛰놀았도다. 주께서 하신 말씀이 반드시 이루어지리라고 믿은 그 여자에게 복이 있도다."

마리아가 성령의 감동으로 하나님을 찬양하고, 그 찬가는 예언이 되어 훗날 예수 그리스도를 통해서 다 성취되었음을 성경은 보여준다.

그러면 마리아의 태교는 어땠을까? 열 달 내내 기쁜 마음과 경건한 자세로 강보(襁褓)에 말씀을 수 놓으며 찬양과 기도로 태교했을 것이다. 그녀의 감격과 경건이 태반을 통해 복중의 아기에게 고스란히 전이

(轉移)되었을 것은 의심의 여지가 없다.

사실 예수님은 하나님이 보내신 아들이시기에 태교 없이도 그 신성(神性)을 온전히 가지고 태어나셨으리라. 하지만 예수님이 마리아의 복중에서 성품이 생성될 때에 그녀의 경건과 감사와 온유함이 그대로 이입(移入)된 것 역시 틀림없는 사실이다.

우리는 임신부가 말씀을 암송하고 사모하는 마음으로 묵상하며, 기도와 찬송으로 하나님을 기쁘시게 하는 것을 '말씀태교'라고 부른다. 지금까지 암송학교에서 그런 과정을 거쳐 태어난 많은 아이들이 한결같이 잘 웃고, 잘 먹고, 잘 울지 않고, 잘 자며, 그 지혜가 뛰어나다. 하나님의 사자 가브리엘 천사의 수태고지(受胎告知)에 대한 마리아의 순종과 찬양과 감동의 태교가 젊은 여성들에게 본이 되기를 바라는 마음이 간절하다.

요게벳의
영유아 교육

애굽에서 총리가 된 요셉의 인도로 그의 아버지 야곱과 70명의 가족들은 극심한 기근의 때에 고센에 정착하게 된다. 그러나 세월이 흐르면서 요셉을 총리로 기용했던 왕도, 요셉도 죽었다. 이후에 고센 땅에 자리를 잡고 여유롭게 살던 이스라엘 민족은 새 왕의 탄압 아래 노예가 되어 중노동으로 신음하게 된다.

때가 이르자 하나님은 애굽에서 도망쳐 미디안에서 양을 치던 80세의 늙은 모세를 부르셨고, 모세는 430년간 노예로 혹사당하던 이스라엘 민족을 출애굽시키는 사명자가 된다. 그가 어떤 어머니에게 태어났으며, 어떤 유아교육을 받았는지를 성경을 통해 살펴보면 우리의 자녀교육에 도움이 될 것이다.

모세의 어머니 요게벳에 관하여 성경은 지극히 간략하게 언급한다. "아므람의 처의 이름은 요게벳이니 … 그가 아므람에게서 아론과 모세와 그의 누이 미리암을 낳았고"(민 26:59)라는 아주 간단한 내용이다. 하지만 출애굽기 2장 1-10절과 6장 20절의 말씀을 종합해 보면 모세가 태어날 무렵, 애굽에는 비상이 걸렸다. 노예인 이스라엘 사람들의 수효가 급증하고 있었기 때문이다.

이에 긴장한 애굽 왕은 만일 다른 나라와 전쟁이 일어날 경우 이스라엘 백성이 애굽에 등을 돌리고 적의 편에 선다면 큰일이라고 생각하였다. 그래서 처음에는 이스라엘 산파를 시켜서 남아가 태어나면 은밀히 죽이라고 지시했다. 그러나 뜻대로 되지 않자 노골적으로 이스라엘 사람들은 누구를 막론하고 신생아 중 남자아이는 무조건 나일 강에 던져 죽이지 아니하면 엄벌에 처한다는 칙령을 내렸다.

모세의 어머니 요게벳은 참으로 지혜롭고 경건한 여인이었다. 레위 족속의 딸로서 만일 아들이 태어난다면 자기 손으로 나일 강에 던져야 했으니 얼마나 간절히 기도했겠는가. 행인지 불행인지 그녀가 낳은 아이는 달덩이 같은 아들이었다.

그러나 노예 민족으로 남자아이를 집에서 키운다는 사실이 발각되면 온 가족이 몰살당할 비참한 처지에 놓이고 만다. 요게벳은 비장한 각오로 3개월은 견뎌냈지만 더 이상 버틸 수 없게 되자 아이를 구해낼 지혜를 찾게 된다.

갈대상자에 물이 스며들지 않도록 역청과 나무진을 단단히 발라 방수처리를 완벽하게 한 다음, 아이에게 따뜻한 옷을 입히고 폭신폭신한

이불로 돌돌 말아서 눕혔을 것이다. 그리고 그 상자가 강물에 떠내려가지 않도록 조심스럽게 나일강가 갈대밭 사이에 띄웠다.

그리고는 딸 미리암을 갈대숲에 숨게 하고, 그 후에 일어날 일들을 자세히 설명해주면서 애굽의 공주가 울고 있는 아기를 발견하고 당황할 때에 그 앞에 나타나서 행할 행동과 말을 미리 일러주었으리라.

결과는 어떻게 되었는가? 요게벳은 아이의 유모가 되어달라는 바로의 딸의 요청을 받아들였다. 제법 비싼 보수를 받아가며 자기 아들을 자기 집에서 자기의 젖을 먹이며 젖을 뗄 때까지 키울 수 있었다. 이스라엘 백성의 구원자 모세는 그렇게 어머니 요게벳의 기도로 태어나 지극한 사랑과 간절한 기도, 지혜로운 조기교육으로 온전한 여호와 신앙의 바탕을 갖게 된다.

그 위에 선진강국이었던 애굽의 왕자 교육을 받고 자랐기에 확고한 여호와 신앙과 격물치지(格物致知)의 지혜를 갖춘 인물이 되었고, 마침내 이스라엘 족속의 구원자로 쓰임 받게 되었다. 여기서 우리가 깊이 생각할 것은 하나님께서 귀하게 쓰실 인재의 양육은 어머니의 영유아 교육에 있다는 사실이다.

애굽을 비롯한 이방 문화와 히브리 문화의 차이는 크다. 이방 문화는 그 바탕이 인본주의이다. 인간이 신이 되려 하고, 신의 영역에 도전하려 한다.

특히 애굽의 전성기는 왕(파라오)들의 영생불사를 믿던 시대였다. 왕이 곧 신이 되는 문화 속에서 요게벳은 어린 모세를 집에 데리고 와서 젖을 뗄 때까지 히브리 문화 속에서 양육했다. 히브리 문화는 철저하게 하나님 중심이다. 고대 이스라엘 백성은 율법을 받기 전부터도 가정에서 하나님의 택하심과 인도하심에 대해 매일같이 말해주는 습관이 있었다.

일반종교와 히브리 신앙의 차이는 분명하다. 일반종교는 인간의 능력을 극대화하려 하고 히브리 신앙은 하나님의 절대능력을 고백한다. 이것은 가정교육에서도 분명히 드러난다. 인본주의 바탕에서 제공되는 세상교육은 인간을 신의 경지에 오르게 하려는 무모한 도전을 하고 있다.

오늘날 자녀교육의 위기를 경험하고 있는 것은 모세의 때와 마찬가지이다. 우리 자녀를 기도와 사랑과 말씀으로 키우는 어머니들이 많이 나와야겠다. 역사적으로 존경 받는 인물 가운데 많은 사람들의 배후에는 훌륭한 어머니가 있었고, 기도와 사랑으로 양육 받았음을 알 수 있다.

"역사는 남자가 만들지만, 그 남자는 여자가 만든다"라는 말이 있다. 여자는 약하나 어머니는 강하다. 결국 어머니가 세계 역사를 쓴다고 말할 수 있다. 여자는 위대하다. 하지만 어머니는 더 위대하다. 세계 위인전기를 읽어보면, 위인들은 훌륭한 아버지의 영향을 받고 자라기도 하지만, 훌륭한 어머니의 영향력이 더 크다는 것을 알 수 있다.

일제치하의 상황에서 도산 안창호 선생은 독립 쟁취를 위한 무력적 저항운동도 중요하지만, 우리 민족의 인격적 성품을 기르는 것이 우선순위라고 생각했다. 그래서 한국 최초의 사립학교였던 점진학교를 시작으로 청소년교육에 힘썼으며, 후기에는 흥사단을 만들어 국민교양 진작(振作)에 힘썼다. 흥사단을 통하여 많은 인격적 애국지사들이 광복 조국의 재건에 크게 이바지한 것에 감사한다.

오늘의 대한민국은 성인 교육보다 우선해야 할 것이 있다. 이는 어머니에 의한 말씀암송의 조기 가정교육이다. 하나님은 21세기 한국을 구원할 지도자를 길러낼 21세기 요게벳을 찾고 계신다. 내일의 영적 지도자가 될 한국의 모세를 길러내야 하기 때문이다.

예수님의
유소년 교육

　엄마 마리아의 품에 안겨 젖을 먹을 때부터 예수님은 자신이 하나님의 아들이라는 사실을 가슴 깊이 새겨들었을 것이다. 성령의 권능으로 처녀 마리아에게 잉태되어 경건한 말씀태교로 태어나신 예수님은 어려서부터 어머니의 사랑과 기도와 테필린(신명기 6장 4-9절을 포함한 31절의 출애굽기와 신명기의 말씀)을 날마다 암송하며 성장하셨다.

　때가 이르러 요셉과 마리아는 모세의 법대로 맏아들 예수의 정결예식을 위해 예루살렘에 갔다. 성전에서 만난 시므온이 아기 예수를 안고 하나님께 드리는 예언적 축복기도와 하나님을 찬송하는 것을 듣고 요셉과 마리아가 놀랍게 여겼다고 성경은 증언한다. 또한 예루살렘 성전에서 아셀 지파인 바누엘의 딸, 안나라 하는 선지자가 어린 예수님을 만나자 "하나님께 감사하고 예루살렘의 속량을 바라는 모든 사람에게 아기 예수에 대하여 말했다"라고도 증언한다(눅 2:36-38 참조).

이 놀라운 일들을 요셉과 마리아는 마음에 새겼을 뿐 아니라 어린 예수에게 "너는 장차 만민 앞에 예비하신 하나님의 아들이요, 이방을 비추는 빛이요, 주의 백성 이스라엘의 영광이라는 사실을 명심하기 바란다"라고 수없이 말해주지 않았겠는가.

누가는 성령의 감동으로 "아기가 자라며 강하여지고 지혜가 충만하며 하나님의 은혜가 그의 위에 있더라"라고 누가복음 2장 40절에 증언하고 있다. 이 모든 사실로 미루어 예수님은 일찍부터 자신이 하나님의 아들로서 성경의 여러 곳에 선지자들을 통해 혹은 다윗의 시편을 통해 예언되어 있는 자신의 사명을 다하리라는 사명의식을 품었을 것이다. 그리고 동네 회당에 나가서 서기관들과 제사장들에게 남다른 열정으로 성경을 배웠을 것이다.

그러나 시골의 서기관과 제사장들의 설명으로는 성경에 기록된 예언적 서술을 올바르게 이해하는 데 많이 부족했으리라. 진리에 대해 갈증을 가지고 있던 소년 예수는 예루살렘 성전에서 이스라엘 최고의 서기관과 율법학자들에게 평소의 의문점을 물었다.

그러나 그들 역시 예수님의 기대를 채워줄 수는 없었을 것이다. 주고받는 토론이 한도 없이 길어졌겠고, 소년 예수의 묻고 대답하는 수준이 너무 높아 이를 지켜보던 사람들이 감탄할 수밖에 없었으리라.

그의 부모가 해마다 유월절이 되면 예루살렘으로 가더니 예수께서 열두 살 되었을 때에 그들이 이 절기의 관례를 따라 올라갔다가 그 날들을 마치고 돌아갈 때에 아이 예수는 예루살렘에 머무셨더라 그 부모는 이를 알지 못하고 동행 중에 있는 줄로 생각하고 하룻길을 간 후 친족과 아는 자 중에서 찾되 만나지 못하매 찾으면서 예루살렘에 돌아갔더니 사흘 후에 성전에서 만난즉 그가 선생들 중에 앉으사 그들에게 듣기도 하시며 묻기도 하시니 듣는 자가 다 그 지혜와 대답을 놀랍게 여기더라 눅 2:41-47

예수님이 열두 살의 나이에 예루살렘 성전에서 선생들 중에 앉아 듣기도 하고 묻기도 하셨거니와 그 지혜와 대답에 모두 감탄하였다고 했다. 예수님이 선천적인 특수성을 떠나 성장 기간 동안 어디서 어떻게 성경지식을 배우고 익히셨는지 넉넉히 이해할 수 있는 부분이다. 열두 살의 나이에 이스라엘에서 으뜸가는 율법학자들과 문답을 주고받는 수준의 심도(深度)가 매우 깊었으리라 조심스럽게 짐작할 수 있다.

유대인들은 열 가정 이상 모인 마을에는 반드시 회당을 짓고 거기에 두루마리 성경 사본을 비치하였으며, 서기관과 율법학자와 제사장 같은 선생들이 있어서 예배를 드리고 마을 사람들에게 성경을 가르친다고 한다. 예수님은 일찍부터 회당에서 남다른 열심과 지혜와 사명감을 품고 성경지식을 쌓으셨을 것이다.

예수님은 엄마 품에 안기어 젖을 먹을 때부터 엄마 마리아에게 자신이 하나님의 아들이라는 사실을 가슴 깊이 새겨들었으리라는 점에 주목해야 한다. 그래서 하나님의 아들이라는 긍지와 사명의식을 가지고 성경을 익히셨을 것이다.

말씀을 사랑하는 자녀양육에 도움이 되는 책들

또 어려서부터 회당에서 살다시피 했으며, 성경에 예언된 자신에 대한 말씀을 빠짐없이 찾아 암송하고 묵상했을 것이다. 예루살렘 성전에서 사흘 동안 최고의 선생들과 함께 성경에 대한 심도 깊은 토론을 벌일 수 있었다는 게 바로 그 증거 아닐까.

중2병의 비밀

　한국의 미래는 오늘의 젊은 부모세대와 자녀세대에게 달렸다. 가정의 미래 또한 오늘의 부모세대의 책임이 크다. 곧 부모의 삶의 모습과 자녀 이해와 바람직한 조기 자녀교육에 달렸다. 더 쉽게 말하면 현재 부모 슬하에 있는 다음세대가 제대로 자라야 한다.

　다음세대는 가까운 미래의 한국을 책임질 주인공이다. 우리나라의 미래는 그들에게 달려있다. 물론 무섭게 바뀌는 세상의 흐름과 국가 간의 관계도 무시할 수는 없으리라. 그러나 국가든 개인이든 자기 자신이 먼저 올바르고 부지런하게 잘 살아가는 것이 선결 과제일 것이다.

　개인이 바르고 부지런하게 잘 살기 위해서는 어려서부터 올바르고 부지런한 부모 슬하에서 자녀교육을 받으며 자라는 일이 우선이다. 이런 관점에서 볼 때 오늘 우리의 자녀교육이 제대로 이루어지지 못하고 있다는 것은 자타가 공인하는 사실이다. 부모세대가 이루고 있는 가정이 제 구실을 다하지 못하고 있기 때문이다.

안타깝게도 기독교인들의 가정조차 경건한 믿음과 세상의 빛과 소금이 될 수 있는 삶보다 세상 사람들이 달려가고 있는 삶을 추구하고 있다. 자녀의 일류대학 입학 경쟁의 대열에 끼어있거나 사랑이라는 명목으로 자녀를 여러 학원이나 과외 교육의 길로 보내는 가정이 얼마나 많은가!

나는 《중2병의 비밀》(김현수, 덴스토리 간)을 뒤늦게 읽었다. 초등학교 4학년부터 중학교 2학년까지 남녀학생들이 부모님을 사랑하고 존경하기는커녕 원망하고 불순종하고 반항한다는 사실을 구체적으로 알 수 있었다.

저자는 문제를 안고 찾아온 중학교 2학년 남녀학생과 부모들과의 지속적인 상담을 통해, 많은 경우 상극관계에서 서로 이해하려 노력하는 관계로 좋아지고 있음을 조심스럽게 밝힌다.

다만 아쉬운 점은 근본적인 해결책을 제시하지 못하고 있다는 것이다. 근본적인 해결책의 원리는 지극히 간단하다. 우리 속담에 있듯이 '소 잃고 외양간 고치기' 식의 대안만을 추구하기 전에, 무너진 둑을 막으려고 노력하기 전에 둑이 무너지지 않도록 기반을 단단히 하는 예비 작업을 철저히 하는 것이다.

문제를 일으키는 사춘기에 들어가기 전에 인간의 도리를 마음과 삶에 젖어들게 하는 교육이 가정과 교회학교에서 철저히 지혜롭게 이루어져야 한다.

나는 30여 년 전에 출판사를 경영하면서 틈틈이 서울가정법원 소년자원보호자로 정성을 다하여 섬겼다. 그 무렵 우연히 TV에서 위기에 빠진 청소년 문제를 다루는 프로그램을 보던 중 강직한 인상의 여자 변호사의 슬픈 고백을 들었다.

여태껏 자신은 가난하고 배우지 못한 계층을 위해서 나름 열심히 뛰었는데, 어느 날 외아들이 십대가 된 후 잘못된 생활습관에 빠져있는 것을 발견했단다. 고민 끝에 로펌(Law firms)에 휴직원을 내고 전업주부가 되어 아들을 회복시키는 일에 전념하기로 했다는 내용이었다.

나는 그 변호사가 몹시 안타깝게 느껴졌다. 소 잃고 외양간 고치려는 어리석은 농부가 생각났기 때문이다. 뒤늦게라도 엄마로서 결단한 것은 칭찬할 만하지만, 그동안 홀로 외롭게 방황하다가 인터넷 게임에 빠져서 삶의 의욕을 잃어버린 아들의 영혼을 회복시키는 데 얼마나 도움이 될 수 있을까 하는 연려가 앞섰다.

그녀의 어조로 보아 아들의 마음을 올바로 이해한 것 같지 않았고, 도리어 더 상하게 하지나 않을까 싶었다. 옳고 그른 것을 법으로 다스리는 법조인으로서의 생각과 '엄마와 아들'이라는 전혀 다른 관계의 정서적 이해와 접근법을 익히고 깨닫게 될 때까지 별다른 시행착오가 없기를 바라는 마음으로 기도했던 기억이 난다.

믿음과 삶이 자연스럽게 하나가 되는 부모세대가 되기를 힘써야 한다. 자녀를 적어도 셋 이상 낳아 기르는 것도 한 방법이다. 보통 외아들 혹은 외딸을 둔 가정에서 부모자식 간의 갈등이 더 심하다. "나는 너밖에 없다", "너는 나의 모든 것이다"라고 입버릇처럼 말하는 엄마는 자녀를 위해 모든 것을 희생할 듯이 말한다. 그러나 속생각은 다르다.

'나는 너의 하나밖에 없는 엄마이고 너는 나의 하나밖에 없는 딸(혹은 아들)이니, 엄마의 뜻대로 공부를 열심히 해서 내가 너를 위하여 기도하고 있는 좋은 대학에 꼭 들어가야 한다. 필요한 돈은 엄마가 무슨 일을 해서라도 책임질 테니 조금도 염려하지 말아라.'

유소년기에는 엄마의 말씀에 순종하여 어린 나이에 잠시의 휴식도 취하지 못하고 여기저기 뛰어 다니며 배우느라 몸살을 앓으면서도 묵묵히 엄마의 지시를 따른다. 그러나 사춘기에 이르면, 자녀의 반응은 180도로 바뀐다.

'내가 엄마의 속마음을 모를 줄 알지만, 벌써부터 다 알고 있었다고요. 나도 컸으니 내 뜻대로 할 거예요.'

이런 자녀를 어떻게 양육할지 고민에 빠진 부모들을 참 많이 본다.

사춘기 자녀를 어떻게 다룰까

우연히 TV에서 학부모 연령인 40,50대의 남녀 인기 출연자들이 여럿 나와 청소년 전문상담자들의 강의를 먼저 듣고, 청소년들의 성(性)에 관한 문제점들을 논의하는 프로그램을 보았다.

입체 구성으로 생동감을 더하기 위하여 여대생과 고등학교 남학생을 초청하여 성 문제에 관한 개인 의견과 경험을 묻고 대답했고, 방송국에서 준비한 짧은 실화 영상을 보여주었다.

아마도 일본에서 제작한 듯한 영상에는 우리나라 여고생과 많이 닮은 교복 차림의 딸과 엄마가 마주 보고 앉아서 띄엄띄엄 대화를 나누는 장면이 나왔다.

"엄마, 남자친구가 방학 기간에 휴양지에 단둘이 다녀오자고 하는데 어떻게 할까?"

딸이 조심스럽게 엄마의 눈치를 보며 입을 열었다. 약간 당황한 엄마는 한참 동안 생각에 잠겨있다가 "다른 친구들과 같이 가자고 하지 그랬어…"라고 조용한 어조로 말한다. 딸은 난처한 듯이 "남자친구가 착한아이이긴 한데 꼭 둘이서만 가자고 해서…"라고 말했다.

자기도 단둘이 콘도에서 자고 온다는 게 마음에 걸리지만 할 수 없다는 이야기다. 엄마는 한동안 뚫어지게 딸을 쳐다보다가 쓸쓸한 표정을 지으면서 말없이 주섬주섬 무언가를 꺼내어 건네준다. 딸은 놀란 표정으로 못이기는 척하며 그것을 넘겨받았다. 바로 콘돔이었다.

내게는 큰 충격이었다. 그러나 대화 마당의 분위기는 차분하기만 했다. 전 세계적으로 시대의 흐름이 그러하니 섣불리 사춘기 자녀의 마음을 상하게 하여 집을 뛰쳐나가거나 부모를 외면하게 해서는 안 되고, 잘못된 길로 빠지지 않도록 그들을 이해하고 다독거려주어야 한다는 분위기였다.

오늘날 상식 밖의 여러 비참한 실상을 주고받는 중에, 아홉 살에 성경험을 한 여아까지 있다고 청소년 상담자가 말했다. 심지어 한 상담자는 여고생 자녀를 둔 부모라면 등교하는 딸의 가방에 콘돔을 넣어주는 것이 지혜라고도 했다.

초청인으로 나온 남학생은 자기가 학교에서 겪고 있는 고등학생들의 실태를 솔직하게, 그러면서도 약간 한심하다는 표정으로 알려주었다. 요새 많은 중고등학생들이 또래들과 성경험을 자랑스럽게 말한단다. 함께 출연한 여대생 역시 부모님의 간섭을 받지 않는 경우 여학생들도 마찬가지라고 말했다. 그 두 학생은 평소에 부모님에게 엄격한 생활 규제를 받긴 하지만, 부모님과 비교적 자유로이 대화를 나누는 가정교육을 받아온 것 같았다. 부모님의 감시의 눈이 좀 지나치다고 불만을 토로하는 모습이 오히려 순수해 보였을 뿐 아니라 무척 사랑스럽게 보였다.

청소년의 탈선이 가정교육의 부재에서 온다는 것을 두 남녀학생을 통해서 깨달을 만도 하거늘, 그 자리에 초청된 청소년 상담자들은 자녀교육의 해법을 가정에서 찾으려 하지 않고 세상 풍조에 발맞추려는 것 같았다.

그들은 부모의 삶으로 가르치는 가정교육, 곧 한국 고유의 문화를 바탕으로 청소년 문제를 풀어가려 하지 않았다. 오히려 잘못된 서구문화인 오늘의 방탕한 세상 흐름을 그대로 받아들일 수밖에 없다고 조언했다. 이른바 지성인이라고 하는 이들의 미숙한 사고방식이 참으로 안타까웠다.

이 캄캄한 어둠의 현실을 풀어갈 해결책은 무엇일까? 건전한 가정교육만이 유일하고 확실한 대안이다. 심리학적인 해법으로는 불가능하다. 그렇다고 유교적 윤리의식으로 풀어갈 수도 없다.

오직 건전한 윤리 기반 위에 세워진 기독교 신앙적인 접근법만이 유일한 대책이다. 그렇다고 교회교육만으로는 턱도 없다. 가정에서의 생활교육이 유일한 해결책이다. 기독교신앙의 소양이 깊은 부모의 지혜와 사랑과 끈기로 해결했으면 좋겠다.

이를테면 이렇게 말해주는 것이다.

"딸아, 너는 하나님의 작품이란다(엡 2:10). 네 몸의 소중함을 지킬 수 있는 사람은 부모도, 선생님도, 친구도 아니야. 오직 너 자신과 너를 지켜보고 계시는 하나님 아버지뿐이시란다."

"딸아, 남자들의 심리를 알아야 한다. 그들은 속성상 여자의 비밀을 그토록 알고 싶어하다가도 일단 성관계를 맺고 나면 바로 호기심을 잃고 다른 여성에게 관심을 쏟게 된단다. 그래도 내 남자친구만은 다르다고 믿기 쉽지만, 일순간의 방심으로 여성은 평생 후회의 아픔을 품고 살게 되지. 네가 장차 긍지와 자부심을 가지고 결혼생활을 하려면 여성의 순결을 잘 지켜야 한단다."

"딸아, 너는 현명한 아이이기에 너를 믿는다. 다만 사춘기에는 누구나 이성을 향한 성적 충동에서 자신을 지키는 데 자신의 의지력만으로는 어려울 때가 있단다. 그럴 때에는 언제나 너를 지켜보고 계시는 하나님께 기도하면 힘을 주실 거야. 그래도 어려울 때에는 언제든지 엄마에게 도움을 요청하렴. 엄마는 언제 어디서나 어떤 경우든지 너를 이해하고 네 장래를 위하여 도움이 될 준비가 되어 있단다."

아버지라면 이렇게 말해보자.

"아들아, 아빠는 네가 얼마나 대견하고 자랑스러운지 모른다. 네가 성에 관한 호기심을 품을 나이가 되었다고 이해한다. 비록 시대와 환경의 차이는 있다 할지라도 아빠도 너와 같은 사춘기 시절을 다 겪었으니 말이다. 강력한 호기심만 채우려 하거나 혹은 인터넷을 통해서 알게 된 왜곡된 성 지식으로 해법을 찾으려 하지 않았으면 좋겠다.

사춘기에는 누구나 스스로 제어하기 어려운 성적 욕구가 일어나기 마련이란다. 그럴 때 인생의 꿈 곧 비전이 뚜렷한 젊은이는 실력을 기르기 위해 학업에 더 열중하거나, 고전을 많이 읽거나, 격렬한 운동으로 넘치는 에너지를 풀기도 하지. 아빠는 이성교제뿐 아니라 무슨 일이든 아빠와 상의한다면 우리 아들 편에서 힘이 되어줄 준비가 언제나 되어있단다. 네가 이걸 꼭 알아주었으면 좋겠구나."

이런 식으로 따뜻하면서 자상하게 부모자식 간의 사랑과 이해로 풀어나가도록 하자. 하지만 어느 정도의 규범, 곧 해서는 안 될 한계선은 엄격히 지키도록 슬기롭게 양육해야 할 것이다. 청소년기의 자녀 문제 특히 성 문제는 먼저 그들의 신체변화에 따른 성장 단계별 심리 이해가 필요하다.

오직 인격적으로 그들을 이해할 뿐 아니라 그들에게 자존감과 꿈과 인생의 존엄성을 일깨워주어라. 궁극적으로는 부모의 바람직한 삶을 몸소 보여주면서 최소한의 구속력으로 이끌어가야 할 것이다. 결코 서구식 사고방식이나 사춘기의 자녀를 무조건 이해하고 그들의 뜻을 존중하는 것만으로는 자녀를 올바로 인도할 수 없다는 사실을 부모들이 알았으면 좋겠다.

사랑하는 대한민국의 젊은이들에게

오늘날 어지러운 혼돈 속에서 방황하는 젊은이가 있다면 그에게 힘이 되리라 믿어지는 짧은 이야기가 있다. 평범하지만 마음에 깊이 새겨질 정도로 도전을 주는 이야기이다.

한 중학생이 교정에서 갑자기 날아온 축구공에 맞아 시력을 잃었다. 이어서 어머니와 누나까지 세상을 떠나면서 그는 중증시각장애 고아가 되고 말았다. 그러나 믿음과 의지력으로 온갖 어려움을 이기고 꾸준히 노력한 끝에 1976년 한국 최초로 미국 시각장애인 박사가 되었다. 그의 이름은 강영우. 그가 어떤 사람이 되었는가를 이해하기 위하여 짧은 자기소개를 들어본다.

강영우 박사는 그의 저서 《원동력》(Think Globally Act Locally, 두란노 간)에서 이렇게 말한다.

피츠버그를 떠난 지 32년이 지난 2008년 2월 29일 아들과 며느리, 손자까지 대동하여 모교를 방문했다. 올해의 동문상을 받기 위해서였다. 대학원에 다니던 때부터 나의 친구요, 은인이요, 동료인 손버그 전 펜실베이니아 주지사가 추천하고 그 자리에 함께 참석해주어 더욱 빛나는 자리였다. 더구나 장남 진석이가 의학박사 가운을 입고 나를 안내해줘 더욱 뜻깊은 자리였다.

피츠버그대학 동문회 회장이 상장 내용을 읽을 때 나도 모르게 감격과 감사의 눈물이 양쪽 볼을 타고 흘렀다.

"귀하의 아름다운 세상을 만드는 꿈은 이루어졌습니다. 당신과 같은 소수의 약자들이 불가능에 끊임없이 도전해서 무한한 잠재능력을 개발한 것을 축하하고 인정하며 감사합니다. 당신은 대륙과 대륙을 넘어 온 세계에서 어둠을 빛으로, 무지를 지식으로, 절망을 희망으로 변화시키고 있습니다…."

이어서 나의 답사 순서가 되었다.

"저는 10대 소년 시절에 맹인 고아가 되어 고작해야 점쟁이나 안마사로 살 수밖에 없었습니다. 그러나 저는 그러한 운명에 끊임없이 도전하여 오늘의 영광의 자리까지 도달했습니다. 보십시오. 저는 점쟁이로 이 자리에 오지 않았고 안마사로 이 자리에 오지도 않았습니다. 나의 운명은 분명히 바뀌었습니다. 나는 부시 대통령이 임명하고 연방 상원의원이 두 차례나 인준한 사성장군에 해당하는 위대한 미국 연방정부의 최고공직자 중 한 사람으로 왔습니다. 운명은 타고나는 것이 아니라 포기할 수밖에 없는 절망적인 상황에서도 포기하지 않고 끝없는 도전으로 개척하고 변화시키는 것입니다…."
나는 우레와 같은 박수소리를 들었다.
"제32대 프랭클린 루스벨트 대통령은 39세 때 소아마비에 걸려 중증장애인이 되었습니다. 그때부터 그는 소아마비가 없는 아름다운 세상을 만드는 꿈을 꾸게 되었고 그 꿈은 피츠버그대학 연구팀을 지원해서 이루어졌습니다. 중증장애인이 된 운명을 그대로 받아들이지 않고 '마치 오브 다임스'(March of Dimes)란 이름의 비영리 법인을 창설하고 소아마비를 정복하려는 도전장을 내놓은 것입니다." (후략)

강영우 박사의 자녀양육에 관한 진솔한 증언과 권면도 들어보자.

피아제의 지적 발달단계에 따르면, 만15세 이전 아이들은 추상적 사고가 불완전하므로 아이들에 구체적으로 동일시할 수 있는 역할모델을 갖도록 하는 것이 생각보다 중요하다.
아들 진석이의 생일은 4월 23일이다. 우리는 같은 날 태어난 위인이 누구인가 조사해보았다. 윌리엄 셰익스피어가 진석이와 같은 날에 태어났다. 그래서 나는 진석이에게 "네 생일이 셰익스피어와 같은 날인 것은 우연이 아니다. 하나님이 너를 셰익스피어와 같은 위인으로 만들어 크게 쓰시려고 같은 날 태어나게 하신 것 같다"라고 말해주었다. 그랬더니 샘이 난 진영이는 자신의 생일인 6월 15일이 누구의 생일인지 찾아보자고 했다. 영국 여왕 엘리자베스 2세의 생일이었다.

아이들은 재미를 느껴 아빠 엄마의 생일도 찾아보자고 했다. 아내의 생일인 5월 29일은 케네디 대통령의 생일이었고 내 생일은 1월 16일인데 하루 전날이 마틴 루터 킹 목사의 생일이었다. 나는 한국에서 태어났으니까 미국 시간으로는 마틴 루터 킹과 같다고 주장했다.

이런 게임을 하다 보니 아이들은 자신들과는 아주 머나먼 곳에 막연히 존재하는 것으로 여겼던 위인들을 자신과 공통점을 가진 친근한 사람으로 느끼게 되었다. 이 게임 후 "우리는 특별한 사람이다!"라고 외치던 중학생 진석이의 목소리가 지금도 생생하다.

그 후 진석이는 스스로 도서관에 가서 자료를 검색하여 2000년 4월 23일은 부활 주일이라는 정보를 찾아내고는 신이 나서 집으로 돌아왔다. 그 말을 들은 나는 "진석아, 이것은 우연이 아니라 하나님의 섭리인 것 같다. 2000년 4월 23일에는 부활에 해당되는 위대한 사건이 발생할 것이니 기대하고 기도하면서 기다리자"고 했다.

그 후 1년도 안 돼 진석이는 5년 동안 들어가지 못했던 영재반에 들어갔고 전 학년에서 3등을 했다. 그리고 다시 2년 후에는 명문 필립스 아카데미 엑스터로 11학년에 전학을 했고 다시 2년 후에는 하버드대학에 입학했다. 자신감과 자존감이 회복된 결과였다. 그뿐만이 아니었다. 2000년

4월 23일 부활절 생일에는 의학박사가 됨으로써 안과의사가 되어 아버지의 눈을 고쳐주겠다는 놀라운 꿈이 이루어지기 시작했다.

사랑하는 10대와 20대들에게 강영우 박사와 같은 지혜로운 부모가 없고 스승이 없을 수 있다. 그럴지라도 강 박사의 권면을 받아 진석이처럼 자신감과 자존감을 스스로 회복하며 희망찬 내일의 글로벌 인재들이 되기 바란다.

감사하게도 하나님께서 우리에게 놀라운 지혜를 주셨다.
부모와 어린 자녀가 함께 성품훈련을 통해서
하나님 중심의 정직하고 경건하며 온유한 성품으로
바뀔 수 있는 길을 열어주셨다.

3장

품성교육에 집중하라

부모가 먼저
바뀌어야 한다

  사람의 성품은 선천적일까 후천적일까? 혹은 선천적인 품성(稟性)에 후천적인 성품훈련(性品訓練)의 합작품일까? 예로부터 우리 조상은 태교를 중시해왔다. 또한 유교사회에서 '맹모삼천지교'는 자녀의 조기교육의 중요성을 입증한다.

  303비전성경암송학교 유니게과정을 마친 엄마들 가운데 말씀암송태교로 자녀를 낳은 엄마들이 어림잡아 2천 명에 이르고 있다. 그중에는 말씀태교로 슈퍼신인류를 둘 혹은 셋이나 낳은 분도 있다. 해마다 수효가 더하여 우리 민족개조의 꿈이 점진적으로 조용히 이루어질 것이다.

  말씀암송태교로 태어난 슈퍼신인류들은 공통적인 4C의 특성을 갖추고 있다. 그것은 자신감(Confidence), 집중력(Concentration), 자제력(Self-Control), 창의력(Creativity)이다.

사람의 성품은 크게 다섯 가지 요인이 융합하여 형성된다. 첫째는 선천적인 유전으로 이어받는 DNA요, 둘째는 임신부의 노력으로 하나님의 창조에 좋은 영향을 끼치는 태교요, 셋째는 후천적인 교육과 훈련이다. 넷째는 후천적인 성장환경이요, 다섯째 역시 후천적 요인인 조기 말씀암송과 자녀 주도 가정예배이다. 인간의 성품은 곧 선천적인 요인과 후천적인 요인의 종합예술작품이라 할 수 있다.

부모로부터 타고난 DNA는 사람의 노력으로 어찌 할 수 없는 요소다. 그러나 나머지 네 가지 요소는 인간의 노력으로 만들 수 있으니 참으로 감사한 일이다. 임신부가 하나님의 말씀을 사모하는 마음으로 열심히 말씀을 반복, 암송하는 것만으로 훌륭한 말씀암송태교가 이루어진다. 그렇게 태어난 신생아는 하나님께서 어김없이 4C의 성품뿐 아니라 온유함과 뛰어난 재질을 갖춘 슈퍼신인류로 자라게 하신다.

다만 엄마의 성품교육이 제대로 이루어지지 않으면 오히려 슈퍼신인류의 예민한 감성으로 인하여 어려서부터 갈등을 겪으며 자랄 우려가 있다. 알기 쉽게 정리하자면, 임신부가 말씀암송태교로 경건한 생활을 하면서 말씀을 사모하는 마음으로 성경을 암송하면 하나님께서 전적으로 책임지고 슈퍼신인류를 만들어주신다. 이는 내가 약 20년간 관찰한 바로 입증할 수 있다. 그러나 부모의 잘못으로 후천적인 성품훈련이 제대로 이루어지지 않으면 하나님의 작품인 슈퍼신인류라 할지라도 바람직한 성품으로 자라기 어렵다.

감사하게도 하나님께서 우리에게 놀라운 지혜를 주셨다. 부모와 어린 자녀가 함께 성품훈련을 통해서 하나님 중심의 정직하고 경건하며 온유한 성품으로 바뀔 수 있는 길을 열어주셨다. 그 길이 곧 '하기하슬 성품훈련'이다.

하나님이 기뻐하시는 일을 행했을 때는 '감사 스티커'를, 하나님이 슬퍼하시는 일을 행했을 때는 '회개 스티커'를 부모와 자녀가 스티커판에 붙인다. 이를 줄여서 '하기하슬 성품훈련 스티커 붙이기'라 일컫는다.

날마다 가정예배를 드리기 전이나 잠자리 들기 전에 양심의 이끌림대로 감사 혹은 회개 스티커를 자기가 그날 행한 수대로 붙인다. 이때에 부모는 자녀의 스티커 붙이기에 간섭하지 말아야 한다. 비록 어릴지라도 하나님 앞에서 양심에 따라 스티커를 붙이도록 한다.

어린 자녀가 칭찬받기 위해 혹은 자기의 허물을 감추기 위해 양심을 속이는 일이 있다 할지라도 이를 지적하지 않는다. 모른 체하고 오직 자녀가 스스로 깨달아 정직한 마음을 품도록 하나님께 간절히 간구해야 한다.

주께서 책임지고 응답하실 것을 믿고 인내하면 가까운 시일 안에 응답해주실 것이다. 만일 응답이 길어지면, 자연스럽게 자녀를 안아주며 "엄마는 네가 정직하고 착해서 하나님과 엄마의 말씀을 잘 지킬줄 믿는다. 네가 하나님을 기쁘시게 하는 사람이 되기를 늘 기도한단다" 하며 믿음으로 선포한다.

하기하슬 성품훈련(감사/회개) 스티커

부모가 사랑으로 자신을 믿어주면 자녀는 자라면서 더욱 그 성품이 정직해지기 마련이다. 문제는 부모에게 있다. 이미 수십 년 동안 체질화된 엄마 아빠의 성품을 바로잡기란 참으로 어렵다. 그러나 303비전으로 자녀와 함께 행하는 부모의 하기하슬 성품훈련은 놀라운 성과를 얻을 수 있으리라 믿는다. 그들도 점차 범사에 하나님을 기쁘시게 하기만을 바라고 성도의 정도(正道)를 걷게 될 것이다.

'하기하슬 성품훈련 스티커 붙이기'를 지속적으로 실행하여 부모가 먼저 정직하고 온유한 성품으로 변하고, 자녀들이 부모를 본받아 하나님이 기뻐하시는 성품으로 바뀔 수 있는 길을 열어주신 하나님께 감사드린다.

자율적인
생활화 훈련

크리스천의 가정교육은 어린 자녀에게 경건한 믿음과 정직한 성품을 몸에 익히게 하는 훈련에 초점을 맞추어야 한다. 먼저 가정에서의 신앙훈련은 유대인의 전통적인 교육이 입증하듯이 생각이 순수하고 기억력이 왕성한 유년기에 하나님의 말씀을 암송시키는 데 우선순위를 두어야 된다.

성품훈련은 단조롭지만 확실하게 오직 '하나님이 기뻐하실까?' 아니면 '하나님이 슬퍼하실까?'를 어려서부터 늘 스스로 판단하는 습관이 들게 하는 것이 중요하다. 이를테면 거실 벽에 '하나님이 기뻐하시는 일'과 '하나님이 슬퍼하시는 일'을 어린이의 표현법으로 기록한 스티커판을 붙여놓는 것이다. 그리고 아침마다 자녀들이 그 판에 붙은 글을 읽게 한다. 자녀가 글을 읽을 줄 모르면 엄마가 손가락으로 짚어가며 또박또박 읽어준다.

유년시절부터는 날마다 잠자리에 들기 전에 그날 하루 자신의 삶을 돌아보며 하나님을 기쁘시게 하는 행동을 했다고 생각되면, "하나님의 은혜를 감사합니다!"란에 감사 스티커 한 장을 스스로 붙이게 한다. 반대로 하나님을 슬프시게 하는 행동을 했다고 생각되면, "하나님께 지은 죄를 회개합니다"라는 뜻으로 회개 스티커 한 장을 붙이게 한다.

이렇게 날마다 자신이 행하는 모든 일을 오직 두 기준, 곧 '하나님이 기뻐하실까?'와 '하나님이 슬퍼하실까?'를 스스로 생각하고 판단하여 스티커를 붙이게 하는 훈련을 자연스럽게 시킨다. 순진한 어린이라 할지라도 자신의 욕심대로 하고 싶어 하거나 혹은 부모님의 칭찬을 받기 위해 거짓말을 하는 죄성은 있게 마련이다. 다만 어려서부터 믿음생활을 성실하게 하는 부모의 슬하에서 자라면 커서도 비교적 거짓말을 하지 않을 것이다.

스티커판에는 하루에 한 개 혹은 여러 개의 스티커를 자녀가 스스로 붙일 수 있게 한다. 30개 혹은 50개의 스티커의 수가 채워지면 감사 스티커의 경우, 약속된 시상을 한다. 회개 스티커의 경우, 체벌을 하기 보다 간절히 회개기도를 하도록 한다. 이 또한 자녀와 미리 약속한 대로 정확하게 실천한다.

자녀가 날마다 행한 자신의 모든 행동을 '하나님이 기뻐하실까?' 혹은 '하나님이 슬퍼하실까?'의 기준에 따라 스스로 돌아보고 감사하며 회개하는 삶을 불과 몇 달만 지속해보라. 자녀는 자연스럽게 하나님을 기쁘시게 하는 일만 행하려고 노력하는 신실한 성품으로 바뀌어갈 것이다.

> 하나님은 그가 기뻐하시는 자에게는 지혜와 지식과 희락을 주시나 죄인에게는 노고를 주시고 그가 모아 쌓게 하사 하나님을 기뻐하는 자에게 그가 주게 하시지만 이것도 헛되어 바람을 잡는 것이로다 전 2:26

온 가족
감사기도 일기쓰기

하나님은 감사하는 성도의 마음을 기뻐하신다고 성경은 증언한다.

감사로 하나님께 제사를 드리며 지존하신 이에게 네 서원을 갚으며 환난 날에 나를 부르라 내가 너를 건지리니 네가 나를 영화롭게 하리로다 시 50:14,15

감사로 제사를 드리는 자가 나를 영화롭게 하나니 시 50:23

시편 136편은 전편 1절부터 26절까지 한결같이 "여호와께 감사하라 그 인자하심이 영원함이로다"라는 말씀으로 되어 있다. 또한 데살로니가전서 5장 16절부터 18절에는 '항상 쉬지 말고 범사에 기뻐하고, 기도하고, 감사하라'시며 이것이 그리스도 예수 안에서 우리를 향하신 하나님의 뜻이라 명령하고 있다.

참으로 귀한 하나님께 드리는 감사를 우리는 일상의 삶에서 얼마나 생각하며 표현하고 있는가? 감사한 일이 있어서 감사하는 것은 당연하다. 그러나 어려운 일을 만났을 때 합력하여 선을 이루시는 하나님의 뜻을 알기에 감사하는 마음을 주께서 기뻐하신다.

시편 기자는 시편 119편 71절에서 이렇게 노래한다. "고난당한 것이 내게 유익이라 이로 말미암아 내가 주의 율례들을 배우게 되었나이다"라고. 그 이유는 간단하다. 고난을 통해서 하나님이 굳게 닫혀있던 나의 마음문을 여심으로 주의 말씀을 받아들여 진리를 알게 되었으니, 참으로 감사한 일이라는 고백이다.

나는 매일 아침과 저녁마다 예수님을 생각하며 그날그날의 감사기도를 일곱 가지씩 쓴다. 사람에게 보이려는 게 아니요, 오직 하나님께 드리는 감사기도이다. 스마트폰 메모란에 적어나가다가 규장 및 갓피플 형제자매들을 비롯하여 나의 기도동역자들, 특히 유니게과정을 통해서 서로 303비전을 나누고 있는 젊은 엄마들과 할머니들에게도 감사기도문을 카톡으로 보내기 시작했다.

하루에 두 차례씩 100여 명에게 이름을 부르며 보내니 여기에 많은 시간을 쏟을 수밖에 없었다. 그러나 한편 '아하, 이것이야말로 날마다 빠뜨릴 수 없는 중보기도의 통로가 되겠구나'라는 생각이 들었다. 나의 감사기도문을 받고 장학생 출신 목사 혹은 전도사들과 기도동역자들도 감사기도문을 보내오기 시작했다.

그들은 주께서 주신 감동으로 자진하여 감사기도 일기를 써서 이를 나와 지인들에게 보내어 서로의 감사거리를 나눈다. 혼자 읽기에는 아까운 것이 많지만, 그중에서 엄마 아빠와 어린 두 아들이 보내온 감사일기를 나누고 싶다.

존경하는 장로님, 오늘부터 암송가정예배 시간에 감사의 제목을 나누는 시간을 갖기로 하고 시행했습니다. 서너 가지의 제목을 얘기하고 점차 늘려가려 했는데, 아이들이 참으로 많은 감사 제목을 앞다퉈 얘기했답니다. 기억에 남는 몇 가지만 올려봅니다. 우리 가족은 감사의 제목을 나누며 감사해서 웃기도 하고 울기도 하며 아버지의 사랑에 풍성한 은혜의 시간을 누렸습니다.

온유(만5세)의 감사

아빠, 엄마, 형아, 사랑(만2세), 시온이(태아)를 주셔서 감사합니다. 예수님을 주셔서 감사합니다. 집과 책과 첼로와 냉장고와 텔레비전을 주셔서 감사합니다. 빛을 주셔서 감사합니다.

조이(만8세)의 감사

다정한 아빠 엄마를 주시고, 귀여운 온유와 통통하고 사랑스러운 사랑이를 주시고, 넷째 시온이를 주셔서 감사합니다. 하나님과 예수님이 계셔서 감사합니다. 아빠 엄마가 우리들을 훈계로 잘 가르쳐주셔서 감사합니다. 엄마에게 넷째를 주셔서 감사합니다.

아빠의 감사

부족한 자를 신학의 길로 불러주셔서 감사합니다. 가난하지만 어떤 상황에서도 주님을 바라볼 수 있도록 인도하심 감사합니다. 지식도 없고 부족해서 감사하고 그래서 하나님을 더 의지하게 하심 감사합니다. 말씀암송이 쉽지 않고 힘든 과정이지만 아이들이 잘 따라와주고, 말씀을 새기며 하나님을 경외하는 아이들로 자라게 하심 감사합니다.

엄마의 감사

부족한 가정을 예배할 수 있는 가정으로 삼아주시고 함께 풍성한 감사의 제목들을 나누게 하심 감사합니다. 하나님의 사랑으로 품어주고 사랑해주는 가족이 있어 감사합니다.

기.기.감.찬.순. 할렐루야!!

이 얼마나 아름다운 일인가. 가정마다 가족 모두가 날마다 가정에 예배를 드리면서 이같이 할 수 있다. 매일은 힘들지라도 수시로 모든 성도들이 하나님께 드리는 감사기도문을 써서 기도동역자들끼리 나누라. 목회자와 성도, 구역성도끼리 나누면 좋다. 이것이 곧 영성훈련이며 가족 사랑의 손쉽고 진솔한 통로가 되지 않겠는가!

범사에
감사할 수 있는 힘

인본적인 긍정의 힘으로 감사일기를 쓰는 것도 나쁘지 않다. 그러나 그와 비슷해 보이나 실상은 아주 다른 긍정, 곧 하나님의 섭리를 알고 감사하는 것이 성도들의 길이다. 우리는 '롬팔이팔'(롬 8:28)의 참뜻을 정확히 알고 믿음 안에서 감사했으면 좋겠다.

> 하나님을 사랑하는 자 곧 그의 뜻대로 부르심을 입은 자들에게는 모든 것이 합력하여 선을 이루느니라 롬 8:28

나는 2012년 초부터 예수님을 닮아가는 삶을 살기 위해 날마다 주께 기도하며 감사일기를 쓰기 시작했다. 그리하여 303비전장학회 출신 목회자들이나 303비전성경암송학교 유니게과정을 수료한 엄마들에게 나의 블로그와 SNS(카톡)를 통해 감사일기를 나누기 시작했다.

내 감사일기를 본 많은 이들이 자진하여 감사일기를 써서 내게 보내왔다. 또 각자 가까운 지인들과 서로 나누는 바람직한 일들이 계속 일어나고 있다.

인본주의 사상으로도 범사에 감사할 수 있다. 이를테면 '전화위복' 사상은 모든 일에 긍정적인 사고방식의 인생철학에서 나온 지혜이다. 따라서 이 지혜만 있어도 어떤 고난을 만나든지 낙심하지 아니하고 이겨낼 수가 있다. 이른바 세상의 모든 성공자는 이 지혜를 터득하고 승리한 사람들이다.

돌이켜 생각하면 나는 예수님을 믿기 이전에는 하나님 사랑의 섭리를 미처 몰랐음에도 불구하고 중학교 시절에 교장선생님으로부터 배운 이 사상으로 무장되어 있었다. 그래서 원망이나 큰 낙심 없이 인생의 험로를 견뎌냈다.

그러나 하나님 사랑의 섭리인 로마서 8장 28절 말씀을 깨닫게 되면서 전화위복 사상에 의한 긍정은 어디까지나 인간의 의지와 노력이 전제되어야 삶에 적용할 수 있다는 것을 깨달았다. 하지만 의지가 지극히 약한 사람이라도 하나님 사랑의 섭리만 믿으면 성령께서 모든 것을 책임져주신다. 이 믿음으로 나는 평안 가운데 범사에 감사할 수 있었다.

최근 내가 받은 두 편의 감사일기와 나의 댓글을 그대로 옮겨본다.

강OO 목사

예수님 사랑합니다. 예수님 감사합니다. 예수님 찬양합니다.

1. 오늘도 일어나자마자 예수께 사랑을 고백하고 예수님의 보혈로 기도하고 하루를 시작했습니다. 감사합니다.
2. 예수께서 제 구주가 되시고 주님이 되어주셔서 감사합니다.
3. 어제 지하철 암송여행을 2시간 30분 동안 다녀오게 하시니 감사합니다. 앞으로는 서울시 순환버스를 타고 버스 암송여행을 하면 좋겠다는 생각을 했습니다. (4,5 생략)
6. 제주 OO교회 OOO전도사님이 감귤 3박스를 보내시면서 1박스는 내게, 2박스는 전도대에게 보내는 것이라 하셨습니다.

내가 답장을 보내기를 1박스는 교역자실에서 먹고, 2박스는 전도대에서 사용하겠다 했더니, 3박스를 더 보내면서 1박스는 반드시 사택에 가져가고, 나머지는 제가 알아서 하라는 답장을 받았습니다.

답장 한번 잘못 보냈다가 배로 받은 꼴이 되었습니다. 그래도 감사합니다. (7-9 생략) 예수 그리스도의 이름으로 기도드립니다. 아멘.

나의 댓글

선물을 더 선하게 쓰려다가 갑절의 선물을 받게 된 것도 감사한 일이거니와 선물한 사람을 감동케 한 것과 그 감동을 주변의 선한 분들과 나누다보면 절로 감동이 기하급수로 늘어나니 감사하다. 동시에 목사님이 보여준 선한 마음과 삶이 기하급수로 이 땅에 번져갈 것을 생각하니 이는 예사로 감사할 일이 아니로고.

백00 사모

하나님 사랑합니다. 예수님 찬양합니다. 성령님 고맙습니다.

1. 밤에 시온이와 사랑이가 두 번이나 깨는 바람에 선잠을 자서 피곤했지만 이사야서 40장 27-31절 말씀을 암송하면서 새 힘을 얻게 하심 감사합니다. 내 힘과 능력이 되시는 주님으로 인해 감사드립니다. (2 생략)

3. 내일 홈스쿨 모임을 우리 집에서 갖기로 해서 아이들과 집안 구석구석 대청소를 했습니다. 주님 거하시는 내 마음도 깨끗하게 정리되길 소망하며 청소하는 동안 시편 51편을 읊조리게 하셔서 감사합니다. 내 죄악을 깨끗이 씻기시고 정결케 하시는 주님을 찬양합니다. (4-6 생략)

7. 온유의 인도로 예배를 드렸습니다. 아기 예수님의 탄생을 기다리며 〈고요한 밤 거룩한 밤〉을 불렀습니다. 성탄을 기다리며 예배하게 하심 감사합니다. 예수 그리스도의 이름으로 기도드립니다. 아멘.

나의 댓글

이 일기를 나의 칼럼에 옮겨도 괜찮겠지요?

성도 개인이나 교회 공동체나 모두 하나님께서 기뻐하실 새로운 삶의 길을 찾아보자. 그 길은 여러 가지가 있겠으나 우선 가장 손쉽게 실천할 수 있으면서도 가장 성경적인 '감사일기'를 써보자. 오늘은 어제보다 낫고 내일은 오늘보다 나은 하루하루를 창출해 나갈 수 있을 것이다.

항상 기뻐하라 쉬지 말고 기도하라 범사에 감사하라 이것이 그리스도 예수 안에서 너희를 향하신 하나님의 뜻이니라 살전 5:16-18

전천후
감사로 살다

오직 우리가 할 일은 하나님께 입은 그 은혜를 감사하고 찬송하는 것뿐이다. 미움과 원망의 살기(殺氣)를 발하던 입에서 사랑과 감사의 생기(生氣)를 발산하여 만물을 소생시키며 거짓말하기를 밥 먹듯이 하던 우리가 바뀌어 진실만을 말하면, 주께서 기뻐하사 미쁘신 약속대로 이루어주실 것이다.

몇 해 전 TV에서 〈강연 100℃〉라는 프로그램을 우연히 보았다. 불행하게도 한쪽 얼굴에 '화염상 모반'이라는 마치 불에 덴 상처 같은 큰 붉은 반점을 가지고 태어난 여자아이가 있었다. 그 아이는 어린시절 부모에게 버림받아 보육원에서 자랐으며, 세상에서 사람들의 온갖 차별과 냉대를 받으며 자랐다.

25세 때 암에 걸려 모반이 없던 다른 쪽 얼굴마저 무너져내렸지만, 그녀의 아픈 환경과 외모까지 모든 걸 감싸주는 착한 남편을 만나 현재 예쁜 두 딸을 낳고 행복하게 살고 있다. 하지만 첫아이를 낳고 기를 때 자신의 모습 때문에 아이가 상처를 받지 않을까 걱정이 많았단다. 엄마 입장에서 그보다 아픈 건 없기 때문이었다.

누구도 자신이 아이를 잘 키울 거라고 말하지 않았지만, 그녀는 결심했다.

'아이는 상처를 받을 수도 있고 받지 않을 수도 있다. 그러니 상처를 받지 않고 자라게 하자.'

그래서 아이가 넘어졌을 때 자신이 "이것밖에 안 다쳤네, 감사하다"라고 말하니, 다음에 또 넘어졌을 때 딸이 말했단다.

"엄마, 이것밖에 안 다쳤어. 다행이죠?"

아이가 상처를 받는다는 마음으로 키우면 아이는 상처를 받으며 자랄 것이지만, 감사하도록 키우면 감사하는 마음이 아이에게 심어지는 걸 깨달았다고 했다. 그녀가 말했다.

"제게 아픔이 없었다면 감사를 몰랐을 것입니다. 슬픔이 없었다면 기쁨도 몰랐을 것입니다. 사람들은 너무 힘들거나 아픔과 고통을 만날 때 고통의 씨앗이 너무 커서 그것만 봅니다. 저는 그 속에서 작은 감사의 씨앗을 발견했습니다.

제 감사의 씨앗이 따뜻한 햇살과 잔잔한 비나 바람만 맞았다면 그 나무는 작게 자랐을 것입니다. 하지만 큰 역경과 아픔과 상처가 있었기에 더 크고 튼튼한 나무로 자랄 수 있었습니다. 어머니, 제게 큰 복점을 주셔서 감사하고, 저를 낳아주셔서 감사합니다."

그 자리를 메운 많은 남녀 젊은이들이 그 말을 듣고 감동의 눈물을 흘렸다.

서울 Y병원 입구에 이런 기도의 글이 걸려 있다고 한다.

하나님!
때때로 병들게 하심을 감사합니다.
인간의 약함을 깨닫게 해주시기 때문입니다.
고독하고 외로운 것도 감사합니다.
그것은 하나님과 가까워지는 기회가 되기 때문입니다.
일이 계획대로 안 되게 틀어주신 것도 감사합니다.
그래서 저의 교만이 깨지기 때문입니다.
돈이 없어 사고 싶은 것을 마음대로 못 사게 하신 것도 감사합니다.
눈물 젖은 빵을 먹는 심정을 이해할 수 있기 때문입니다.
자식들이 공부를 기대만큼 안 하고, 아내가 미워지고,
부모와 형제들이 짐스러워질 때도 감사합니다.
그래서 그들이 저의 우상이 되지 않기 때문입니다.
때로는 허무를 느끼거나 몸이 늙고 아프게 하심도 감사합니다.
영원을 사모하는 마음을 가지게 되기 때문입니다.

불의와 부정이 득세하는 세상에 태어난 것도 감사합니다.

하나님의 의를 사모하게 되기 때문입니다.

제게 잘못하고 저를 비방하는 사람들이 있게 하심도 감사합니다.

그럴수록 더욱 겸손해지고 더욱 노력하기 때문입니다.

오늘 밤, 잠 못 이루고 뒤척이게 하신 것도 감사합니다.

그래서 병들고 고통받는 이웃들을 위해 기도할 수 있기 때문입니다.

하나님!

그럼에도 불구하고 모든 일에 감사할 수 있는 마음을 주심을

더욱 감사합니다.

이름 그대로 전천후 감사의 아름다움이여! 이래도 감사, 저래도 감사의 삶을 살아보자.

감사로 하나님께 제사를 드리며 지존하신 이에게 네 서원을 갚으며 환난 날에 나를 부르라 내가 너를 건지리니 네가 나를 영화롭게 하리로다 시 50:14,15

자녀에게
결코 매를 대지 말라

부모들은 자녀를 어떻게 해서라도 잘 키우려고 애쓴다. 그런데 문제는 어떻게 키우는 게 잘 키우는 건지 제대로 아는 어버이가 많지 않다는 것이다. 자녀의 성장과정에 따르는 이해가 부족하다.

뿐만 아니라 세상의 자녀양육 방식과 크리스천의 양육 방식은 공통점보다 차이점이 더 많다. 그런데도 자녀교육에 관한 책을 읽는다든지 강의를 듣고 따라 하려고 한다. 크리스천이라 해도 율법적인 유대인들의 자녀교육을 따르는 것이 성경적이라 믿는 경향이 짙다. 실로 답답한 일이다.

잠언에 보면 딱 한 군데 "아이를 훈계하지 아니하려고 하지 말라 채찍으로 그를 때릴지라도 그가 죽지 아니하리라 네가 그를 채찍으로 때리면 그의 영혼을 스올에서 구원하리라"(잠 23:13,14)라는 말씀이 나온다. 옳은 말씀이다. 그러나 어린 자녀를 채찍으로 때려서 키우라는

3장 품성교육에 집중하라 97

말은 아니다. 더욱이 에베소서 6장 4절의 말씀을 잊어서는 안 된다.

"또 아비들아 너희 자녀를 노엽게 하지 말고 오직 주의 교훈과 훈계로 양육하라."

그러나 여기에서도 주의할 것이 있다. 이렇게 양육하려면 절대전제가 있다. 첫째는 부모가 주의 말씀대로 살아야 할 것과 다음으로 자녀가 어려서부터 주의 말씀을 암송했을 때에 유효한 말씀이다.

다음은 유니게과정을 지금 세 번째 이수하고 있는 전혜란 집사님이 보내온 암송일기이다.

날로 더 밝아지고 말씀암송의 재미에 빠져들어가는 엠마를 보면 참으로 기쁘다. 그런데, 세종이가 항상 마음에 걸렸다. '주님, 우리 세종이는 어쩌지요?' 하는 마음이 종종 들었다. (중략)
세종이는 내가 마흔의 허약한 몸에 얻은 귀한 아들이다. 임신 21주차에 조산 신호로 병원에 입원하게 된 후 34주를 채울 때까지 병실에 꼼짝없이 누워있어야 했다. 당시 병실에서 내가 한 것은 말씀암송뿐이었다.
2011년, 한국을 방문했을 때 유니게 2단계 2주차까지 수강하고 다시 미국으로 돌아가야만 했다. 병원에 입원해서 유니게 1단계부터 순서대로 해야겠다 싶어 하니비암송법으로 유니게 1단계 100절을 누워서 암송했고, 매일 암송CD 듣기와 말씀암송과 기도로 하루를 보냈다. 그렇게 세종이는 말씀암송태교로 정성을 쏟아 얻은 슈퍼신인류였고, 34

주차 이후 병원에서 퇴원하여 집에서 지내면서 예정일을 거의 채워 출산했다. 하나님께서 그런 귀한 아이를 주셨는데, 나는 지금 무엇을 하고 있는가?

세종이에게 양치를 시키려고 칫솔을 들고 다가갔다. 하지만 아이는 장난감을 가지고 놀며, 내 말을 귓등으로도 듣지 않았다. 그때 유니게과정 강의 때 여운학 장로님에게 들은 말씀이 떠올랐다.

"자녀를 위해서 우세요. 때리는 것은 옳지 않습니다!"

평소 같으면 목소리가 강압적으로 양치를 시켰을 터인데 그날은 이상하게 눈물이 나왔다. 그리고 목이 메었다. 나는 울음 섞인 목소리로 아들에게 말했다.

"엄마는 네가 엄마 아들로 태어나줘서 너무 행복해. 너는 세상에서 젤 멋지고 훌륭한 엄마 아들이야!"

세종이는 나를 빤히 쳐다보며 눈에 눈물이 그렁그렁해서는 "엄마, 죄송해요! 저도 엄마 사랑하고 축복해요!"라고 말했다.

나도 아들에게 고백하듯 속삭였다.

"그동안 엄마가 소리 지르고 맴매한 것 미안해. 용서해줘. 우리 세종이를 바르게 키우기 위해서 그랬던 거였어. 엄마는 세종이를 너무너무 사랑해!"

아들은 큰 눈을 더 휘둥그레 뜨며 "정말요?" 하고 물었다. 그 표정과 말투가 얼마나 진지한지….

어린아이의 마음이 아니고서는 천국에 들어갈 수 없다는 성경구절이 떠올랐다. 나는 너무나도 사랑스런 네 살배기 아들을 무릎에 앉혀놓고는 조용히 말했다.

"엄마는 너를 정말 많이 사랑해. 하지만 하나님께서는 세종이를 엄마보다 천만 배 더 사랑하신단다. 그래서 예수님을 보내주셔서 널 위해 대신 죽게 하신 거야. 그러니 하나님 말씀을 세종이 안에 꼭 새겨야 해. 그래서 하나님이 기뻐하시는 아들이 되기를 바란다."

세종이가 울먹이며, "네~ 엄마!"라고 했다. 그리고 졸리다며 침대에 올라 책을 읽어달라고 했다. 아이가 원하는 게 동화인 것을 알았지만 나는 성경을 가지고 침대에 앉았다. 시편 119편을 읽어주는데 하나님께서 폭포 같은 눈물을 주셨다. 그래서 울면서 읽었다. 곧 아이는 잠이 들었고 나는 기도했다.

"하나님, 세종이를 주셔서 감사합니다. 제가 더 일찍 깨져서 이 아이를 위해 울며 기도했더라면 아이가 장난감보다 예수님을 더 사랑했을 터인데요. 제 잘못을, 게으름을 용서하소서. 지금이라도 깨닫게 해주셨으니 이 아이를 위해 울겠나이다. 예수님의 이름으로 기도드립니다. 아멘!"

매나 채찍으로 때리는 일은 결코 예수님의 사랑과는 먼 이야기다. 예수님의 자녀교육의 핵심은 진정한 사랑으로 어린 자녀의 마음에 감동을 주라는 것이다. 진정한 사랑은 하나님 아버지께 간구하는 것이다. 세종이 엄마의 짧은 자녀양육 일기로 그 증거는 충분하다고 본다.

사랑하는 늦둥이를 처음부터 성경적으로 키웠다면 엄마의 말을 잘 듣는 아이로 자랐을 것이다. 그러나 이제부터 세종이는 밝고 맑게 말씀 안에서 잘 자랄 것이다. 이미 엄마가 기도와 말씀으로 양육하기로 작정하였고, 어린 세종이는 엄마의 한량없는 사랑을 확인했으니 그 사랑에 푹 젖어서 기쁘고 즐겁게 성장할 것이다.

돌 이전에 엄마가 순종훈련을 시킬 때에는 반드시 따끔한 맴매가 필요하다. 그러나 서너 살 이후엔 함께 무릎 꿇고 눈물의 기도로 키워야 함을 명심하라.

303비전교육의 핵심은

기억력이 왕성하고 심성이 순수한 어린시절부터

하나님의 감동으로 쓰인 신구약성경을

가감 없이 그대로 암송시키는 것이다.

4장

하나님이 기뻐하시는
암송교육

말씀암송의 때가 이르렀다

일반적으로 우리는 자국 사람의 말보다 선진국 인사의 말에 귀를 더 기울이는 것 같다. 또 현장 경험자의 말보다 교수나 세상에 이름이 알려진 사람의 말을 더 경청한다. 그것은 어찌할 수 없는 현상이다. 그런 의미에서 존 파이퍼 목사(Rev. John Piper)의 말씀을 옮겨서 말씀암송의 중요성을 먼저 깨우친 다음, 나의 이야기를 나누고 싶다(www.desiringgod.org/articles/why-memorize-scripture).

왜 성경을 암송해야 하는가?

우선 간접적으로 들은 몇 사람의 이야기를 전하겠습니다. 달라스신학교의 하워드 헨드릭스 박사는 자신에게 결정권이 주어진다면 달라스신학교를 졸업하는 모든 학생들이 졸업하기 전에 천 개의 암송구절을 완벽하게 외우게 할 것이라고 말했습니다.

남가주대학 철학과 교수인 달라스 윌라드는 이렇게 썼습니다.

"성경암송은 영적 성장의 절대적 기초다. 영적인 삶의 모든 훈련 가운데 한 가지를 선택해야 한다면 성경암송을 선택할 것이다. 왜냐하면 성경암송은 우리 마음이 필요로 하는 것을 채워주는 기본적인 방법이기 때문이다. "이 율법책을 네 입에서 떠나지 말게 하라"(수 1:8). 율법책은 바로 입에 있어야 한다! 어떻게 하면 율법책이 당신의 입에 있게 할 수 있는가? 암송하면 된다"(〈온전한 삶과 인격을 위한 그리스도 안에서의 영성형성〉, Vocatio, Vol.12, no.2, Spring, 2001. 7p).

척 스윈돌은 이렇게 썼습니다.

"사실상 그리스도인의 삶에서 성경암송보다 더 도움되는 훈련을 알지 못한다. 다른 어떤 훈련보다 더 영적으로 도움이 된다. 기도 생활은 강화될 것이며 증거는 더 날카롭고 효과적이 될 것이다. 태도와 세계관이 바뀔 것이다. 생각은 깨어 있고 주의력은 높아질 것이다. 담대함이나 확신은 높아지며 믿음은 견고해질 것이다"(《Growing Strong in the Seasons of Life》, Grand Rapids: Zondervan, 1994, 61p). (중략)

왜 그토록 많은 사람들이 성경 암송을 그리스도인의 삶에서 필수적이라고 보았는지 몇 가지 이유를 들어보겠습니다.

1. 그리스도를 닮아가게 함

"주의 영광을 보매 그와 같은 형상으로 변화하여 영광에서 영광에 이르니"(고후 3:18).

우리가 그리스도를 닮아가려면 지속적으로 그분을 바라보아야 합니다. 이는 말씀을 통해 가능해집니다.

"여호와께서 실로에서 여호와의 말씀으로 사무엘에게 자기를 나타내시니라"(삼상 3:21).

성경암송은 우리가 예수님을 더 꾸준하고 분명하게 바라보도록 합니다.

2. 죄와 싸움에서 매일 승리

"청년이 무엇으로 그의 행실을 깨끗하게 하리이까 주의 말씀만 지킬 따름이니이다 … 내가 주께 범죄하지 아니하려 하여 주의 말씀을 내 마음에 두었나이다"(시 119:9,11).

바울은 우리가 "영으로써 몸의 [악한] 행실을 죽여야" 한다고 말합니다(롬 8:13). 그의 죽이는 무기는 "성령의 검" 곧 하나님의 말씀입니다(엡 6:17). 죄는 몸을 악한 행실로 유혹하기 때문에 우리는 그리스도를 드러내는 성경 말씀을 기억해야 합니다. 그리하여 죄가 주는 것에 비해 더 나은 그리스도의 가치와 아름다움을 갖고 유혹을 물리쳐야 합니다.

3. 사탄과 싸움에서 매일 승리

광야에서 사탄에게 시험을 받으실 때 예수님은 암송하고 있는 말씀을 사용해서 사탄을 물리치셨습니다 (마 4:1-11).

4. 사랑하는 사람들을 위한 위로와 권고

사람들이 당신에게 위로와 권고를 기대할 때 주변에 성경책이 없을 수도 있습니다. 그래서 암송이 필요합니다. 나아가 당신의 마음에서 쏟아져 나오는 하나님의 말씀은 놀라운 능력이 있습니다. 잠언 25장 11절은 "경우에 합당한 말은 아로새긴 은쟁반에 금사과니라"라고 말씀합니다. 우리 마음이 하나님의 사랑으로 충만할 때 하나님의 말씀이 충만할 수 있습니다. 그때 시의적절한 축복의 말이 입에서 흘러나옵니다.

5. 불신자들에게 복음을 나눌 수 있음

복음을 전할 기회는 성경을 갖고 있지 않을 때에도 찾아옵니다. 실제 성경 구절은 그 자체로 예리한 능력이 있습니다. 그리고 말씀을 암송할 때 그 말씀은 암송할 만큼 충분히 귀중하다는 증거가 됩니다. 우리는 복음을 네 가지 주제로 요약할 수 있습니다.

첫째, 하나님의 거룩함, 법, 영광

둘째, 사람의 죄, 반역, 불순종

셋째, 죄인들을 위한 그리스도의 죽음

넷째, 믿음으로 인해 거저 주어지는 생명의 선물

각각의 주제와 관련된 한두 구절을 암송하고, 때를 얻든지 못 얻든지 말씀을 나눌 준비를 하십시오.

6. 하나님의 인격과 그의 길을 즐거워하며 하나님과 교통하는 것

하나님과 교통(교제)하는 방법은 하나님의 속성을 묵상하고 하나님께 감사와 존경과 사랑을 표현하는 것입니다. 또한 하나님의 속성의 가치를 드러내는 삶을 살 수 있도록 하나님께 도움을 구하는 것입니다. 그러므로 하나님에 관한 성경 말씀을 우리 마음에 저장하는 것은 그분의 진정한 모습과 교통하도록 도와줍니다. (하략)

말씀암송을 목회의 방침으로 삼는 교회가 많아진 것은 바람직한 일이며 반갑기 이를 데 없다. 다만 45년 동안 말씀암송과 묵상 없이 살 수 없었던 사람의 눈으로 볼 때 염려되는 바가 적지 않다.

첫째로, 말씀암송은 어릴수록 쉽고, 서둘러서는 안 되고, 지속하지 않으면 실패한다. 엄마들을 교육시켜서 어린 자녀들에게 암송훈련을 시킨 결과는 놀랍게도 그 열매가 풍성하다. 나는 오랜 경험에서 4세부터 8세까지가 가장 말씀암송이 생활화되기 쉽다는 것을 발견했다.

둘째로, 말씀을 사모하는 마음과 암송을 지속할 수 있는 동기부여와 생활환경이 조성되어야 한다. 어린 자녀에게 강압적으로 암송을 시키면 평생 말씀을 싫어하게 된다. 또한 아무리 암송을 잘해도 꾸준히 지속하지 않으면 힘들여 암송했던 말씀을 잊어버리기 마련이다.

셋째로, 부모세대는 무엇보다 자녀를 가르치고 모범을 보이는 데 최선을 다해야 한다. 이를 위해 교회는 엄마들과 협력한다. 결손가정이 많거나 생계 때문에 엄마가 암송훈련을 받지 못했을 경우에는 교회에서 암송교육을 받은 성도들로 이루어진 자원봉사 프로그램을 만들도록 한다.

그래서 아이들이 주중에도 계속 암송훈련을 가정 혹은 어디서든 자연스럽게 받도록 배려하라. 주일학교 교사만으로는 암송교육이 제대로 이루어지기가 어렵다는 것을 목회자들은 명심해야 한다.

생기와 생수를
묵상하며

  봄이 되면 모든 나무와 풀이 생기를 얻어 새 생명이 움트고 새싹이 자란다. 푸른 잎과 향기를 뿜어내는 아름다운 온갖 꽃이 피어나기도 한다. 봄은 겨울 동안의 긴 잠에서 깨어난 새 생명들이 온 세상을 아름답게 만드는 계절이다. 이런 생동하는 계절에 생기(生氣)와 생수(生水)에 대해 묵상하는 것은 은쟁반에 금사과라 하겠다.

  성경은 생기와 생수가 성령으로부터 나오는 무형과 유형의 동질성 에너지임을 증명한다. 나는 성경을 읽으면서 생명에너지를 느낀다. 특히 성경말씀을 암송하고 이를 깊이 묵상할 때 무한한 생명에너지를 위로부터 받는다. 성령은 인간에게 생명력을 부어주신다. 영혼 깊은 곳에서 생기에너지가 마음에 빛으로 밝게 임하고, 배에서 생수의 강이 흘러넘치게 하심을 느낀다.

  "여호와 하나님이 땅의 흙으로 사람을 지으시고 생기(生氣)를 그 코에 불어넣으시니 사람이 생령(生靈)이 되니라"(창 2:7).

"이에 내가 그 명령대로 대언하였더니 생기(生氣)가 그들에게 들어가 매 그들이 곧 살아나서 일어나 서는데 극히 큰 군대더라"(겔 37:10).

"누구든지 목마르거든 내게로 와서 마시라 나를 믿는 자는 성경에 이름과 같이 그 배에서 생수(生水)의 강이 흘러나오리라 하시니 이는 그를 믿는 자들이 받을 성령(聖靈)을 가리켜 말씀하신 것이라"(요 7:37-39).

성령을 일컬어 오직 요한복음에서만 '보혜사'(保惠師)라고 부른다. 내가 예수님을 믿기 시작한 40대 초반에 사복음서 중에서도 요한복음을 더 많이 즐겨 암송했던 것은 '보혜사'란 말에 친근감을 느껴서인지도 모르겠다.

당시 나는 '생명의 전화'에서 매달 하루는 퇴근 후 3시간 30분을, 하루는 밤10시부터 이튿날 아침 8시까지 밤새워 10시간을 자원상담을 하고 있었다.

어느 날 NIV 영어성경에서 '보혜사'를 'the Counselor'(상담자)라고 표기한 것을 보는 순간, '아, 비록 전화상담자라 할지라도 존귀하신 성령께서 하시는 귀한 일에 동참하는 귀한 일이로구나'라는 생각이 들어 얼마나 뿌듯함을 느꼈는지 모른다.

크리스천이라면 누구나 전도하기를 원하고 전도의 능력 받기를 사모하기에 이 말씀을 즐겨 암송한다.

오직 성령이 너희에게 임하시면 너희가 권능을 받고 예루살렘과 온 유대와 사마리아와 땅끝까지 이르러 내 증인이 되리라 행 1:8

성령으로부터 받는 생기에 힘입으면 전도의 권능을 받아 영적으로 죽어있는 사람을 살릴 수 있다. 육체적으로도 자신도 건강하게 살 수 있을뿐더러 병든 이웃을 강건하게 회복시키는 데 도움이 될 수도 있다.

문제는 성령충만을 입는 방법이다. 나의 작은 경험을 나누자면, 말씀을 간절히 사모하는 마음으로 암송하고 이를 반복하면서 그 깊은 뜻을 묵상하는 것이 생활화되자 자연스럽게 성령께서 생기를 부어주셨다. 마음에 기쁨이 넘치고 찬양이 절로 흘러나오며, 감사기도가 몸에 배게 되었다. 얼굴엔 화색이 돌고 가슴엔 평화가 자리잡고 신로불심로(身老不心老)의 복을 누리며 살게 되었다.

"오호라 너희 모든 목마른 자들아 물로 나아오라 돈 없는 자도 오라"(사 55:1)고 성경은 말씀하신다. 말씀엔 하나님의 권능이 있다. 성령이 부어주시는 생기와 생수의 무한한 에너지를 모든 크리스천이 누릴 수 있다.

엔도르핀이나 T임파구, 다이도르핀(감동을 받거나 깨달음이 있을 때 생성되는 호르몬. 엔도르핀의 4,000배 효과가 있다고 한다) 등과 같이 현대의학에서 발견한 모든 생기를 띤 내분비물을 총칭하여 나는 '사랑소'라고 부른다.

'성령의 역사'를 나는 '생기의 에너지화'로 묵상한다. 예수님의 새 계명 곧 "내가 너희를 사랑한 것같이 너희도 서로 사랑하라"(요 13:34)의 아가페사랑은 보혜사께서 부어주시는 생기이다. 만일 성도가 말씀을 사모하는 마음이 지극히 순결하여 믿음으로 그 말씀을 암송하고 묵상한다면, 성령께서는 무한한 에너지를 부어주실 것이며, 인체를 구성하는 수십조의 유전자가 일제히 생기를 받아 살아난다면 불가능한 것이 없겠다는 생각이 든다. 최신 유전자과학이 이를 어렴풋이나마 증명하고 있다.

생각해보면 놀라운 일이 한둘이 아니다. 가령 한 변전소에서 전기를 공급받고 있는 수십만, 수백만 가구가 있다고 하자. 그 변전소에서 스위치를 내리면 일시에 천지가 암흑으로 변했다가, 다시 스위치를 올리면 그 순간 밝은 세상으로 변한다. 마찬가지로 성령께서 부어주시는 생기의 스위치를 내리느냐 올리느냐에 따라 이 땅에 믿는 이들의 몸의 유전자들이 일시에 죽었다 살았다 할 수 있다.

하나님의 말씀을 절대 진리로 믿는 자는 복된 크리스천이다. 말씀을 내 안에 모시고 사는 사람은 복된 삶을 산다. 하나님의 말씀은 곧 하나님이시기 때문이다(요 1:1).

"너희가 내 말에 거하면 … 진리를 알지니 진리가 너희를 자유롭게 하리라"(요 8:31,32).

조용히 일어나는
민족개조운동

1998년 2월 11일 목요일, 나에겐 잊지 못할 날이다. 오래 꿈꾸었던 '이슬비성경암송학교 제1회 지도자 세미나'가 열린 날이다.

전국에서 찾아온 500여 명의 교역자, 교회학교 교사, 젊은 어머니들이 횃불선교센터에 모여 오후 1시부터 5시까지 우리나라에서 처음 시도되는 성경암송교육에 관한 이론을 듣고 또 3기 이슬비장학생 11명과 규장 가족 20여 명의 암송시범을 직접 보았다.

그리고 평소 규장 가족이 아침마다 가졌던 경건의 시간에 익힌 말씀 암송과 묵상의 힘으로 고난을 이겨낸 간증과 교회학교에서 재미있게 암송교육을 시켜온 간증도 들었다.

그러나 엄마들과 유초등부 어린이들의 암송시범은 미처 준비를 하지 못해서 보여주지 못했다. 그래서 나는 그해 3월 첫 주일부터 내가 섬기던 교회에서 자원하는 17명의 엄마와 23명의 어린이들로 이루어진

'이슬비성경암송학교 디모데반'을 만들어 주일마다 오후 2시부터 4시까지 모여 암송의 이론과 실제를 가르쳤다.

　나는 그동안 쌓아온 경험을 토대로 만든 교육과정에 따라 말씀암송 숙제를 가정에서 엄마와 자녀가 함께 연습하고, 그 암송한 말씀을 기록한 '암송노트'와 암송으로 일어난 일들을 기록한 '암송일기'를 각자 대학노트나 예쁜 편지지에 써서 교회로 가져오게 했다.

　나는 주일마다 아침 8시 30분까지 교회에 나가서 엄마들이 제출한 암송노트와 암송일기를 붉은 사인펜으로 밑줄을 쳐가며 읽었다. 다 읽은 후에 여백에 "잘했어요", "깨끗이 정성 들여 참 잘썼어요"라는 격려의 글을 써주었다.

　어린이들의 암송일기에는 "P군, 파이팅!", "L양, 최고다!" 등 칭찬과 단문의 격려사를 덧붙였다. 그러자 자녀들이 나의 덧글을 보고 얼마나 좋아하는지 모른다고 엄마들이 기뻐했다.

　한 엄마는 아이들이 암송을 잘 하면 피자도 사주고, 칭찬도 해주면서 자녀들이 즐거운 마음으로 자진하여 암송하도록 이끌었다. 어떤 엄마는 자신이 즐겁게 암송을 하면, 자녀들이 스스로 함께 암송하게 된다고 자랑스럽게 말했다. 그럴 때에 엄마가 아이들을 꼭 안아주면서 "엄마는 하나님께서 너 같은 착한 아들을 주신 것을 얼마나 감사하는지 모른단다" 혹은 "너는 장차 예수님의 참제자가 될 거야!"라고 칭찬해주라고 격려한다.

어떤 엄마는 "오늘 아침에 화장실에서 무슨 소리가 들려서 알아보니 아들이 말씀을 암송하는 소리였다. 주여, 감사합니다"라고 암송일기에 썼다. 1년간 총 111절을 암송시켰다. 사업을 하는 엄마와 초신자 몇 명은 중도에 포기했다. 끝까지 참여한 모든 엄마들과 아이들은 불과 1년 사이에 믿음도 많이 자라고 말씀암송에 자신감을 갖게 되었다.

이 경험을 토대로 나는 다음 해부터 정식으로 '이슬비성경암송학교 유니게과정'의 문을 열었다. 처음엔 1, 2단계 과정을 각각 7주에 100절씩 암송케 했다. 2008년부터는 '303비전성경경암송학교 유니게과정'으로 개명했다. 2012년부터 7주 과정을 6주로 줄여서 서울, 경기지역을 비롯하여 대전, 대구, 부산까지 KTX로 오갈 수 있는 모든 지역의 교회에서 열심히 교육하고 있다.

다음은 1998년 처음 시작했던 디모데반 고영숙 집사의 암송일기와 나의 댓글이다.

4월 17일

지난주처럼 빙 둘러앉아 총연습을 했다. 사랑장을 외우고 산상수훈도 외웠다. 더듬거림 없이 줄줄 외울 때까지 여러 번 반복했다. 반복훈련을 통해 인내와 믿음도 성장함을 느낀다. 이번 주에도 함께하신 하나님께 감사드린다.

나의 댓글

어린 자녀를 위해 말씀암송에 매진하시는 고영숙 집사님을 주께서 얼마나 기뻐하실까요. "주께 힘을 얻고 그 마음에 시온의 대로가 있는 자는 복이 있나이다"(시 84:5). 1년 후에 루니, 승미, 하은이 그리고 집사님의 성숙해진 모습을 그려봅니다.

4월 18일

칭찬받는다는 것은 참으로 기분 좋은 일이다. 장로님이 칭찬해주시니 기쁨의 눈물이 핑 돌았다. 우리 세 자녀들에게도 칭찬을 아끼지 않고 암송시켜야겠다. 외우기를 싫어했던 승미도 칭찬하니까 열심히 외우는 것 같다. 내게 암송노트와 일기장을 사달라고 한다. 참 고마운 일이다.

4월 19일

루니와 승미가 흥미를 느낀 것 같다. 특히 승미가 식탁에 앉으면 암송을 시작하고 식사하려고 한다. 틀리면 옆에서 하은이가 고쳐주기도 한다.

지난 세월 동안 황홀한 꿈을 꾸며 달려온 것 같다. 처음에는 교재도 없이 진행되다가 2004년에 첫 교재 《이슬비 성경암송학교》가 나왔고, 이어서 2006년에는 나의 단행본 《말씀이 너무너무 좋아서》, 2009년엔

《말씀암송 자녀교육》, 2011년엔 《자녀사랑은 말씀암송이다》, 2013년엔 《말씀암송의 복을 누리자》가 출간되어 참고자료로 읽히고 있다.

   1999년부터 현재까지 유니게과정에서 훈련받은 수많은 유니게들이 말씀암송태교로 슈퍼신인류를 낳아서 기억력이 왕성한 어린시절부터 즐겁게 말씀을 암송시키고 있다. 또한 날마다 자녀가 주도하는 가정예배를 드리면서 양육함으로써 예수 그리스도의 참제자로 키우는 민족개조운동이 이 땅에서 조용히 일어나고 있다.

신덕지체 훈련의
필요성

    교육은 훈련으로 이루어진다. 어린시절에 어떤 훈련을 받고 자랐느냐에 따라 한 사람의 인격이 달리 형성된다. 303비전교육의 핵심은 기억력이 왕성하고 심성이 순수한 어린시절부터 하나님의 감동으로 쓰인 신구약성경을 가감 없이 그대로 암송시키는 것이다.

    이를 날마다 반복하여 삶에 익히면 놀라우리만큼 지혜가 자라고 성경 이해력이 향상되는 것을 많이 보아왔다. 거기에 날마다 자녀가 인도하는 자녀주도형 가정예배를 드리게 되면 리더십이 절로 길러진다. 이것이 303비전의 기본 철학이요 실천사항이다.

    우리의 선조들은 동양철학에 바탕하여 인격을 가리켜 지덕체(知德體)를 표방하였으나, 일찍이 도산 안창호 선생은 상해임시정부의 독립운동 현장에서 지식인들의 덕성이 부족한 것을 절감하여 흥사단 규약에 덕체지(德體知)를 내세웠다.

303비전성경암송학교에서는 신덕지체(信德知體)를 인격훈련의 4대 강령으로 삼았다.

신(信) 어려서부터 믿음이 바로 서야 하며, 그 지름길은 기억력이 왕성한 어린시절부터 하나님의 말씀을 지속적으로 즐겁게 암송시키는 데 있다. 유대인의 쉐마교육의 원리이기도 하다.

덕(德) 믿음의 바탕 위에 예수님의 황금률(Golden Rule), 곧 이웃을 사랑하는 마음의 자세와 삶의 훈련을 가정에서부터 시키는 것이다.

지(知) 잠언 1장 7절에도 하나님을 경외하는 것이 지식의 근본이라 했다. 모든 학문과 지식은 반석 같은 믿음 위에 서야 한다.

체(體) 건강한 몸에서 건전한 정신이 나온다. 몸의 건강은 평온한 마음의 바탕 위에 지속적인 유산소 운동과 근력 운동을 통해서 얻을 수 있다.

이 신덕지체 훈련을 모토로 어려서부터 말씀암송을 몸에 익히고 날마다 경건하면서도 즐거운 분위기 가운데 지속적으로 암송가정예배를 드리게 한다. 그리하여 아이들이 20년, 30년 후에는 예수님의 참제자의 성품을 갖춘 인격적 글로벌 리더가 되는 것이 303비전이다.

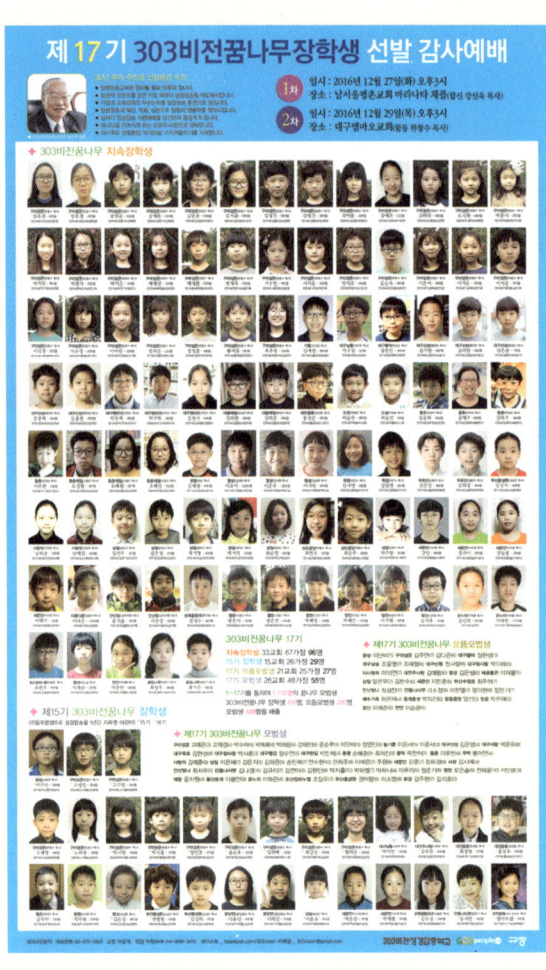

303비전꿈나무장학생 선발 감사예배 광고(2016년)

303비전꿈나무장학생 서약서

1. 날마다 부모님과 함께 말씀암송 가정예배를 드린다.

2. 이틀에 한 번 이상 이미 암송한 말씀을 반드시 반복 암송한다.

3. 두 달마다 암송한 말씀을 반드시 정확하고 깨끗하게 노트에 써서 해마다 본부에 제출한다.

4. 두 달마다 신앙위인전기 한 권을 읽고 독후감을 써서 해마다 본부에 제출한다.

5. 형제자매를 사랑하고 섬기는 사람이 된다.

6. 부모님을 기쁘시게 하며 불효를 저질렀을 때에는 반드시 용서를 빈다.

7. 아침에 일어나면 반드시 기도로 하루를 시작한다.

8. 날마다 줄넘기와 걷기, 윗몸 일으키기, 아침에 냉수 마시기 등 건강한 생활을 지속적으로 실천한다.

9. 주 안에서 항상 기뻐하고 범사에 감사하는 감사일기를 쓴다.

10. 주 안에서 즐겨 바보 되고, 기뻐 손해 본다.

그러므로 너희가 더욱 힘써 너희의 믿음에 덕을, 덕에 지식을, 지식에 절제를, 절제에 인내를, 인내에 경건을, 경건에 형제우애를, 형제우애에 사랑을 더하라 벧후 1:5-7

점진적인
말씀의 생활화

우리나라의 기독교 신앙의 초기에는 영육간의 지독한 고난 속에서 하나님을 영접했다. 교역자와 성도들이 말씀을 사모하고 기도에 힘쓰자 전도가 살아나고 빠른 양적 부흥이 일어났다. 그러나 점점 신앙생활이 편해지고 영육간의 고난이 사라지기 시작하자 교역자나 성도들에게 내재한 인간의 죄성이 머리를 들기 시작했다.

안타깝고 슬프게도 21세기에 들어서면서 우리나라 기독교는 급격히 사양의 길로 기울어지고 말았다. 부흥도 세계적으로 가장 빨리 이루어졌는가 하면, 불신풍조 또한 빨리 찾아왔다. 초기의 순수한 믿음은 찾아보기 힘들고, 부끄럽고 추한 인간 본능의 거짓이 판을 치고 있다.

위기의 기독교는 살아나야 하고 또한 살아날 수 있다. 그 길은 오직 순수한 믿음의 회복과 점진적인 말씀의 생활화에서 찾을 수 있다. 이를 위하여 우리는 먼저 깊은 잠에서 깨어나야 한다. 성경은 분명히 그 길을 밝히 보여주고 있다. 그러나 사탄은 온갖 방법으로 그 길을 훼방한다. 성도들은 길 잃은 양떼처럼 영적으로 방황하고 있다.

남의 잘못을 캐내는 일에는 눈을 부릅뜨고, 자신만이 의인인듯 착각하는 풍조가 너무 강하다. 가는 곳마다 정의와 말씀과 기도를 외치면서 말씀의 생활화의 기본인 말씀암송은 외면한다. 말씀암송 없는 묵상은 있을 수 없음에도 불구하고, 말씀암송을 우선순위로 가르치지 않은 채 말씀을 묵상하라고 외치는 소리만 드높다.

이스라엘 민족이 가장 귀하게 여기는 '쉐마'(이스라엘아 들으라)는 크게 두 가지 교훈을 간직하고 있다. "첫 교훈은 하나님은 오직 하나인 여호와이시니 너희 이스라엘 백성들은 마음과 뜻과 힘을 다하여 하나님 여호와를 사랑하라는 것이요, 두번째로 하나님의 말씀을 너는 먼저 마음에 새겨서 그 말씀을 네 자녀에게 부지런히 가르치라"는 것이다(신 6:4-9 참조).

말씀을 마음에 새긴다는 뜻은 그 말씀을 사모하는 것이 첫째 순서요, 다음은 그것을 암송하는 것이요, 그 다음은 그 말씀을 주야로 묵상하는 것이다. 그런 다음에 네 어린 자녀에게 부지런히 가르치라는 것이 이 교훈의 순서이다.

여호수아서 1장 8절에서는 "이 율법책을 네 입에서 떠나지 말게 하며 주야로 그것을 묵상하여 그 안에 기록된 대로 다 지켜 행하라 그리하면 네 길이 평탄하게 될 것이며 네가 형통하리라"라고 말씀하셨다.

시편에는 묵상이라는 말이 많이 나온다. 시편 1편 2절은 "오직 여호와의 율법을 즐거워하여 그의 율법을 주야로 묵상하는도다", 시편 119편 97절은 "내가 주의 법을 어찌 그리 사랑하는지요 내가 그것을 종일 작은 소리로 읊조리나이다"라고 노래한다.

요한복음 1장 1절은 "태초에 말씀이 계시니라 이 말씀이 하나님과 함께 계셨으니 이 말씀은 곧 하나님이시니라"라고 밝히고 있다.

이 말씀들을 다음과 같이 정리할 수 있다.

1. 하나님이신 말씀을 사랑하라.
2. 자녀를 가르치기 위해 부모가 먼저 말씀을 암송하라.
3. 암송한 말씀을 주야로 묵상하라.
4. 부모가 자녀에게 부지런히 가르치라(가정에서의 조기 암송교육).
5. 묵상한 말씀에 순종하여 말씀대로 살라(말씀의 생활화).
6. 그리하면 하나님이 너를 형통하게 하시리라(하나님의 약속).

세계 열방 중에서 하나님의 말씀을 전파할 나라를 아무리 찾아보아도 우리나라밖에 없다. 이 대사명을 받은 우리가 영적 잠에 빠져들어

마땅히 해야 할 일을 게을리하면 하나님은 다른 나라를 세워서라도 그분의 뜻을 이루신다. 그러면 우리는 맛을 잃은 소금 신세가 되어 밖에 버려져 사람들에게 짓밟힐 뿐이다. 주님은 너희는 깨어 기도하라고 하신다. 또한 우리의 몫인 말씀의 생활화를 게을리해서는 안 된다. 말씀의 생활화는 하루아침에 이루어지지 않는다.

우리는 하나님의 말씀을 땅끝까지 전파할 대사명을 받은 민족이다. 사탄은 이를 알고 존귀한 사명자들을 넘어뜨리려고 혈안이다. 믿는 자들에게서 믿음을 빼앗아가려고 온갖 궤계를 다 쓰고있다. 먼저 지도자들의 눈을 멀게 하고 귀를 막아서 참부흥의 길을 보지 못하게 하고, 성령의 가르침을 듣지 못하게 한다. 세상의 방해자들을 동원하여 성도들을 방황케 한다.

그러나 하나님께서는 우리로 점진적인 말씀의 생활화를 이루게 하기 위하여 보혜사 성령을 통하여 그 길을 밝히 보여주셨다. 믿는 사람들의 가정마다 '이 달의 말씀'을 작정하여 온 가족이 그 말씀을 먼저 사모하는 마음으로 기도하면서 열심히 암송하여 주야로 묵상하고, 날마다 삶에 적용하는 훈련을 쌓아가기만 하면 된다.

다음 달에도 그리 하되 지난달의 말씀은 지속적으로 암송묵상하며 생활에 적용해 나간다. 시간이 흐를수록 말씀의 생활화가 점진적으로 성실하게 이루어질 것이다. 그리하여 10년 안에 말씀의 생활화가 모든 성도의 가정마다 이루어질 것을 확신한다.

실천적
지혜

우리에게 '말씀의 생활화'가 잘 이루어지지 않고 있다는 것은 너무나 뼈아픈 취약점이라고 할 수 있겠다. 교회마다 설교와 성경공부는 열심히 잘 하고 있는 것 같은데 신앙인격 훈련은 취약한 편이다. 성도의 입장에서 보면 성경말씀을 말로는 배우지만 그 말씀을 생활화하는 훈련은 거의 없다 해도 지나친 말이 아닌 것 같다.

설령 그런 훈련이 있다 해도 성령의 충만함을 입지 않은 상태에서 말씀을 생활화하려면 훈련을 받는 고통에 비해 그 성과는 기대하기 어렵다. 사람은 본래 죄성을 타고 났기에 말씀대로 살아야 하는 책임의식은 깨어날 수 있지만 그대로 살기는 불가능에 가깝다.

그렇다면 효과적으로 말씀을 생활화하는 훈련은 어떻게 해야 할까? 먼저 성령충만을 입은 후에 구체적으로 말씀의 생활화 훈련에 들어가는 것이 정도(正道)이다. 예수님은 제자들에게 분명히 말씀하셨다.

> 오직 성령이 너희에게 임하시면 너희가 권능을 받고 예루살렘과 온 유대와 사마리아와 땅 끝까지 이르러 내 증인이 되리라 행 1:8

실제로 오순절 날 마가의 다락방에 모여 기도하던 120문도들이 성령의 강림으로 즉시 담대한 전도자가 된 사실을 우리는 잘 안다. 전도뿐만이 아니라 그들이 말씀대로 사는 역사가 일어났다. 그러나 오늘을 사는 우리가 오순절의 기적만을 기대해서는 안 된다. 점진적인 훈련을 통한 성령충만을 입는 길이 있기 때문이다.

구체적으로 말하면, 성령충만을 입기 전에 사명의식을 가져야 한다. 로마서 8장 28절에서 알 수 있듯이 하나님께서 모든 성도에게 사명을 주셨고, 그 사명은 공통적인 전도사명과 개별적인 소질과 취미에 따른 특별사명이 있다.

그런데 불행하게도 공통적인 전도사명은 배우고 익혀서 잘 알지라도 성령충만을 입지 못한 상태에서는 삶의 어떤 변화도 기대하기 어렵다. 개별적인 특수사명은 아예 깨닫지도 못하고 세월을 허송하는 경우가 너무 많다.

오직 철저한 회개가 성령충만을 입기 위한 기본과정이다. 아울러 하나님께서 가장 기뻐하시는 정직과 사랑의 봉사정신을 품는 일은 우리의 몫이다. 그밖에 중요한 성령충만의 필요조건은 하나님의 말씀을 사모하여 성경을 정독하고, 암송하며, 묵상하고, 감격에 넘치는 찬송과 기도에 힘쓰는 일이다.

우리가 잊지 말아야 할 것은 하나님의 말씀을 암송하는 일은 어려서부터 시작해야 한다는 것이다. 개인적인 차이는 있겠으나 하나님은 모든 어린이에게 암송의 달란트를 주셨다. 다만 점점 자라면서 암송 달란트는 거두어가시고 사고력, 이해력, 판단력, 추리력을 주신다.

303비전이 어린이에게 말씀암송을 시키는 데 주안점을 두는 이유도 여기에 있다.

그러나 어른이 되어도 그가 말씀을 사모하고 노력을 기울이면 아쉬운 대로 말씀암송이 가능하다. 마흔의 나이에 예수님을 영접하고도 오늘날 말씀암송교육을 사명으로 삼고 뛰는 내가 그 산 증인이다.

성령충만을 입은 뒤에 말씀의 생활화 훈련으로 들어가는 것이 정도다. 훈련이라 하면 땀을 흘려야 하는 것으로 착각하기 쉽다. 그러나 말씀의 생활화 훈련은 그와는 대조적이다. 갈수록 신바람이 나게 마련이다. 성령의 감동으로 기적 같은 일들이 일어나는 것을 체험하게 된다.

구체적으로 그 순서를 따라가 보자. 먼저 신앙위인전기와 고전을 읽되 속독도 정독도 아닌 '페이퍼학습법'으로 읽는다. 쉽게 말하면, 처음 읽을 때에 감동이 오는 곳에 노란색 펜으로 밑줄을 치면서 끝까지 읽는다. 두 번째 읽을 때에는 더 주의를 기울여 읽고 중요한 내용은 파란색 펜으로 밑줄 친다. 세 번째에는 가장 중요한 곳에 붉은색 펜으로 밑줄을 치며 읽는다. 세 번째 읽을 즈음에는 읽는 속도가 거의 속독 수준이 되며 글의 맥락이 뇌리에 많이 입력 정돈된 상태에 이른다.

처음엔 시간에 구애받지 않고 오직 책 내용에서 받을 은혜만을 사모하면서 읽는다. 그러다 두 번째, 세 번째로 가면 갈수록 속독 수준으로 읽게 되고 책 전체의 내용이 머릿속에서 정리된다. 여기서 중요한 것은 독후감을 쓰기 전에 묵상의 시간을 충분히 갖는 일이다.

규장신앙위인북스 시리즈

가장 중요한 성경을 읽을 때는 지극히 사모하는 마음과 경건한 자세로 시편, 잠언, 전도서, 이사야서, 복음서, 바울서신, 사도행전 등을 고전 읽을 때처럼은 아닐지라도 정독한다. 밑줄 치며 읽다가 암송하고 싶은 핵심요절은 암송카드로 만들어, 수시로 암송하면서 여유로운 마음으로 읽는다.

성령충만한 상태에서 사모하는 마음으로 성경을 읽는 것이 최상이다. 성경말씀을 지극히 사모하는 마음으로 읽으면 놀라운 성령의 역사가 일어난다. 이전에 경험하거나 상상하지 못했던 기쁨과 감사가 넘쳐난다.

마지막으로 성도의 사명을 다하기 위한 말씀의 생활화는 점진적으로 익혀나간다. 그 방편으로 주신 지혜가 우리 가정을 위한 '이달의 말씀'과 '올해의 말씀'을 정하는 일이다(303성경암송학교에서는 2014년 9월부터 가정 단위로 정하게 했다). 가족이 합의하여 정하는 것이 바람직하다.

다음은 그 말씀을 주기도문 수준이 될 때까지 열심히 암송하는 것이다. 일단 정한 말씀은 어떤 일이 있어도 날마다 한 번 이상 암송하는 습관을 가져야 한다. 또한 암송한 말씀을 쓰기도 하면서 정확하게 암송할 뿐 아니라 그 깊은 뜻을 날마다 묵상하고 실천하는 훈련을 쌓아간다. 비록 처음에는 어려움이 따를지라도 이를 지속한다. 이것이 점진적인 말씀의 생활화를 향한 구체적인 길이다.

성도는 어떤 어려움이 있을지라도 말씀의 생활화, 생활의 말씀화를 위해 기도하고 노력하여 승리해야 한다. 한국교회의 취약점이 장점으로 바뀌어야 한다. 이제까지 공론에 그쳤던 말씀의 생활화를 한걸음씩 이루어나가야 한다.

모든 가정, 교회, 신앙공동체, 사업공동체에서 '올해의 말씀'과 '이달의 말씀'을 작정하면 좋겠다. 그리고 그 말씀을 암송하는 데 온 정성을 쏟으라. 날마다 한 번 이상 다 함께 혹은 개인적으로 암송하면 좋겠다. 우리의 삶이 오늘은 어제보다 더 말씀대로 살고, 내일은 오늘보다 더 말씀대로 살게 되면 참 좋겠다.

> 청년이 무엇으로 그 행실을 깨끗하게 하리이까 주의 말씀만 지킬 따름이니이다 시 119:9

자녀들의 지속적인 독서교육이나
말씀암송교육을 새롭게 시작하자.
가정교육의 기본이 되는 가정예배를
부모주도형에서 자녀주도형으로 바꾸는 일과
함께 시작해보자.

5장

암송교육은 부모의 사명이다

점진학교와
303비전성경암송학교

  도산 안창호 선생을 이 땅에 보내신 하나님께 늘 감사하며 산다. 나는 일찍이 춘원 이광수가 지은 《도산 안창호》와 주요한이 지은 《안도산전서》를 읽고 크게 도전을 받았으며, 그 분의 삶의 자세를 본받으려고 늘 노력하며 살아왔다.

  특히 흥사단의 기본강령 중에서 정의돈수와 무실역행에 매료되어 규장수칙 일곱 가지를 정할 때와 이슬비장학회를 설립할 때 이 정신의 바탕 위에서 이루어졌다. 정의돈수는 도산의 풀이에 의하면 '사랑하기 공부'요, 무실역행은 '매사에 진실하게 힘써 행하기'이다.

  도산은 젊었을 때 탐관오리들의 끝없는 부패와 잠자는 백성들을 계몽함으로써 꺼져가는 조국을 구하고자 했다. 윤치호 선생을 중심으로 결성된 독립협회(獨立協會)에 동참하여 정직한 사회를 만들어가는 일에 열심히 뛰다가 1899년 구한말 무능한 정부가 독립협회를 강제 해산시키자, 고향 정주로 내려가서 '점진학교'(漸進學校)를 세웠다. 이는 우리나라 사람이 세운 최초의 사립초등학교였다. 도산이 지은 점진학교의 교가에 그의 교육관이 잘 나타나 있으며 그 표현력이 참으로 뛰어나다.

점진 점진 점진 기쁜 마음과
점진 점진 점진 기쁜 노래로
학과를 전무하되 낙심 말고
하겠다 하세 우리 직무를 다

특히 마지막 가사는 우리의 사명을 다하자는 선각자의 안목과 교육자의 지혜가 돋보인다.

점진학교의 '점진'은 도산의 실력 배양주의 곧 "힘이다―힘을 기르자"라는 그의 평생 신조를 나타내고 있다. 그가 말하는 점진은 "서두르지 않고 천천히 나아가자"라는 뜻보다는 "나날이 조금씩 나아가자, 꾸준히 쉬지 말고 착실하게 배움을 쌓아가자"라는 뜻이리라.

"점진 공부는 도산의 수학태도(修學態度)였다"라고 춘원은 말한다. 십년생취(十年生聚, 10년 걸려 생산하여 부를 쌓음), 십년교훈(十年敎訓, 10년 걸려 꾸준히 가르침)은 도산이 자주 인용한 말이라고 한다. 이는 점진

정신의 표현이라고도 할 수 있다.

지금 한국교회는 기성인들의 신앙교육에 급급하다. 조금 앞선 교회는 청년들의 교육에 힘쓴다. 물론 그것이 잘못이라는 말은 결코 아니다. 다만 10년 후, 30년 후, 100년 후를 예비하는 안목보다는 우선 당장 쓰일 성인과 청년을 가르치려는 것으로 보인다.

이보다는 태반기의 교육을 통하여 예수님을 닮은 품성(禀性)이 정해지는 '말씀암송태교'에 전력투구해야 한다. 나아가 요람의 아가와 유년기의 아이들에게 말씀을 가까이하게 하고 암기력이 왕성한 어린시절에 말씀암송 훈련을 시키는 일에 집중해야 할 것이다.

나는 일찍이 기도 가운데 주님께 '303비전'을 사명으로 받았다. 그래서 말씀암송 태교교육과 가정에서 어린 자녀에게 말씀을 암송시키기 위하여 젊은 엄마들과 교회학교 교역자와 교사들에게 유니게과정 성경암송교육을 시키고 있다.

지금부터 약 120년 전에 서당만 있던 이 땅에 도산은 초등교육을 위한 점진학교를 세워 현대국가 시민교육을 시작했다. 참으로 그 애국심과 후세대 교육관 및 그의 정직성과 희생정신을 마땅히 본받아야 할 것이다.

303비전성경암송학교는 모든 성도로 하여금 말씀을 따라 사는 말씀의 생활화를 위하여 '우리 가정 이달의 말씀'으로 정하게 했다. 그래서 온 가족이 그 달에는 가정예배를 드릴 때나 일상생활을 하면서 그 말씀을 자주 암송하고, 일상의 삶에 적용하는 훈련을 점진적으로 쌓아가도록 권장했다.

달이 바뀌면 지난달 우리 가정의 말씀은 자동으로 이달의 말씀과 함께 암송하게 했다. 1년 후에는 가정마다 적어도 12절 이상은 주기도문 수준으로 암송할 수 있게 되는 셈이다. 이것이 303비전 점진교육의 하나이다.

대한제국 시절, 잠자는 국민교육을 위해 선견자요 참교육자요 참애국자였던 청년 도산은 이 땅에 어린이들을 위한 점진학교를 세워 잠자는 국민의 영혼을 일깨우는 일을 했다. 이를 본받아 오늘의 잠자는 기독교를 일깨우기 위해 303비전성경암송학교는 어린이들에게 성경말씀을 암송시키기 위하여 젊은 어머니들에게 유니게과정 교육을 시키고 있다. 그 공통점은 후세대를 올바로 세워나가기 위한 어린이 교육을 점진적으로 실천해나가는 데 있다.

자녀교육, 이렇게 바꾸자

자녀들의 지속적인 독서교육이나 말씀암송교육을 새롭게 시작하자. 가정교육의 기본이 되는 가정예배를 부모주도형에서 자녀주도형으로 바꾸는 일과 함께 시작해보자. 신앙교육을 어려서부터 가정과 교회학교에서 본격적으로 시작하자.

내가 카톡으로 받은 선교사를 지망하는 한 가정의 말씀사랑과 부모의 삶의 모범을 보여준 사례가 도움이 되었으면 좋겠다. 3년 동안 홈스쿨링과 말씀암송교육과 자녀주도 가정예배를 통해 자녀들의 놀라운 변화를 발견하게 된 엄마의 양육 간증이다.

> 제 남편은 10년 경력의 일식요리사였고, 저는 교회부설선교원 교사로 10년이 되었을 때 만나 결혼했어요. 남편은 선교에 대한 부르심을 받아 한 사역단체에서 풀타임 전임간사로 부산과 경북 상주, 기장에서 3년째 섬기

고 있습니다. 저는 세 아이(만6세 소명, 만4세 사랑, 14개월 시온)와 홈스쿨을 하며 하루 종일 아이들과 함께 있습니다.

맏아들 소명이는 3세 때 303비전성경암송학교 유니게과정을 저랑 같이 다니며 암송을 시작하게 되었어요. 경제적 어려움으로 교회병설 유치원도 보내지 못하고 늘 제가 데리고 다녔기에 아이는 예배나 집회에 참석하는 일과 말씀을 암송하는 일밖에 할 일이 없었습니다.

저는 유니게과정 암송CD를 mp3파일로 변환해서 휴대폰에 넣어 아이가 놀 때나 잠자리에 들 때 자장가 대신 들려주기 시작했습니다. 소명이는 130절을 암송한 후부터 매일 한 구절씩 새 말씀을 듣고 따라하며 배우더니 어느 날 이렇게 말했습니다.

"엄마가 가르쳐주지 않아도 나 그 다음 말씀 알아!"

유니게과정 1단계 100절과 2단계 100절의 암송구절 차례를 안다는 뜻입니다. 어린 소명이가 그후부터는 휴대폰으로 말씀듣기를 좋아하더니 드디어 예배 때 찬양 PPT 자막의 가사를 읽지 않겠어요. 소명이는 암송CD를 열심히 들으면서 자연스럽게 글자를 읽었고, 160절부터는 어린이용 '말씀암송노트'를 읽으며 스스로 한 절씩 암송하기 시작했습니다.

2단계 200절을 다 암송했을 무렵에는 5세 생일기념으로 외식을 하고 케이크를 사주었더니 너무 행복해하더라고요.

소명이가 6세가 되어 말씀암송 300절이 넘었을 무렵에 저와 경북 상주에 갔을 때의 일입니다. 아이가 포도밭에서 실제로 포도나무를 보고는 요한

복음 15장 포도나무 비유 말씀을 이야기하며 "엄마, 저기 포도나무 좀 봐! 요한복음에서 예수님은 포도나무고 우린 가지라고 했어. 우리는 예수님께 꼭 붙어있어야 한다고 했어요. 안 그러면 버려진대요"라고 하면서 포도나무를 처음으로 보고 이미 암송한 말씀을 떠올렸습니다.

어느 날은 소명이가 놀이터에서 가지고 놀던 장난감을 빼앗겨도 얼굴을 찌푸리거나 슬퍼하지 않고 그 아이를 물끄러미 바라보고 있더라고요. 제가 "소명아, 넌 괜찮니?" 하고 물었더니, "내가 더 가지고 놀고 싶기는 해요. 그런데 예수님이 속옷까지 주라고 했어. 그래서 괜찮아요"라고 어른스럽게 말하는 거예요.

저는 속도 상하고 가슴이 찡해오기도 했지만 아이가 얼마나 대견하던지요. 어린 소명이가 말씀을 암송한 덕에 어느새 인내하며 다른 사람을 배려하는 것을 보며 감동했답니다. (중략) 지금 소명이는 암송을 혼자서도 잘해서 제가 암송 점검만 합니다.

둘째딸 사랑이는 60절의 말씀암송을 또박또박 잘 말합니다. 사랑이는 배 속 7개월 때 암송학교에 다닌 덕분에 말씀암송태교로 태어난 우리집 첫 슈퍼신인류입니다. 섯 벅을 때 똥을 싸도 울지 않을 만큼 순했던 사랑이가 지금은 엄마의 말씀암송이나 찬양을 너무 좋아하고, 동생을 끔찍하게 사랑하는 아이로 자랐지요. "시온이가 너무 예쁘다" 하고 말하는 우리집 귀염둥이랍니다. 아주 가끔은 제가 점검하지만, 보통은 소명이 오빠에게 말씀암송 점검을 받고 있답니다. 막내 시온이 역시 말씀암송태교로 태어난 슈퍼신인류답게 잘 웃고, 순하고, 잘 울지 않고, 지혜로운 우리집 보배입니다.

어떻게 이런 신기한 일이 일어날 수가 있는지 감탄스럽다. 소명이는 만3세부터 유아원도 유치원도 다니지 않고 엄마의 지혜로 말씀암송 CD를 들었다. 그러다 혼자 놀거나 잠이 들 때 자장가 대신 듣던 말씀이 절로 암송되어 6세가 되었을 때에는 300절의 말씀을 거뜬히 암송할 수 있게 되었다.

303비전성경암송학교 유니게과정 1단계 실황 DVD

그뿐 아니라 예수님의 말씀대로 스스로 참고 견딜 줄도 아는 착한 어린이가 되었다. 또한 소명이는 믿음이 없는 또래가 성경말씀을 몰라서 그런 것이라 확신하고, 말씀을 더 많이 암송하여 전도해야겠다는 대견한 의지를 보인다. 포도나무를 처음으로 보자마자 요한복음의 포도나무장을 연상하는 지혜도 놀랍다.

남의 이야기로 듣고 넘길 것인가? 나의 자녀는 다 컸으니 나와는 상관없는 일이라고 치부해버릴 것인가? 만3세밖에 안된 아이에게 뜻도 모르는 성경말씀을 암송시키는 것이 어른의 욕심이 아니냐며 무책임한 부모로 살아갈 것인가? 뛰어놀기도 바쁜 어린 아이에게 강제로 말씀을 암송시키는 것은 말도 안 된다고 웃어넘길 것인가?

그렇지 않다. 정신 바짝 차려서 잠자던 부모됨의 사명의식을 일깨워 고민하고 도전받고 실천할 때이다. 어린이는 여러 번 듣기만 해도 기억한다. 어른과 다르다. 엄마들이여, 깨어 일어나자.

말씀에서
자녀양육의 지혜를 얻다

기독교인은 마땅히 성경 말씀을 따라 자녀양육의 지혜를 얻어야 한다. 놀랍게도 채찍에 관한 말씀이 잠언 23장 13,14절에 기록되어있다.

아이를 훈계하지 아니하려고 하지 말라 채찍으로 그를 때릴지라도 그가 죽지 아니하리라 네가 그를 채찍으로 때리면 그의 영혼을 스올에서 구원하리라 잠 23:13,14

나는 303비전 유니게과정에서 어머니들에게 이 말씀대로 권면한다. 그러나 아주 어린 자녀가 아니고서는 웬만하면 매를 들지 말라고 한다. 그보다는 어려서부터 하나님이 기뻐하시는 일을 행하면 상을 받는다는 생각이 생활훈련을 통해서 뇌리에 입력되도록 하는 구체적인 방법을 권면해왔다.

내 권면을 듣고 심유선 집사와 6세 아들 지빈이가 서로 의논하여 만든 성품훈련판을 거실 벽에 붙여놓았다.

지빈이가 살고 있는 아파트 거실 유리창에는 교회 목사님과 장로님, 권사님들의 이름이 아이의 글씨로 적혀있기에 무슨 뜻이냐고 물었다. 지빈이가 주보를 보고 가정예배 때 이름을 불러 기도하려고 적어놓은 것이라고 엄마가 귀띔해주었다. 크리스천 가정마다 지빈이의 엄마처럼 지혜롭고 행복하게 자녀를 양육하면 좋겠다.

순종하던 자녀가 중학생이 되어 하루아침에 확 바뀌기 시작하면 그때부터 자녀는 침묵으로 대항하고 엄마는 가슴을 치며 큰소리로 외쳐대는 전쟁이 일어난다. 이런 자녀는 본인도 불행하게 자라고, 부모도 속병을 앓게 된다. 이를 일컬어 '중2병의 비밀'이라고 말한다. 부모와 자녀가 서로 병을 앓는다.

오직 유일한 해결책은 부모세대가 먼저 각성하고 행복한 가정을 이루면서 셋 이상의 자녀를 낳는 일이다. 그리고 자녀를 말씀암송태교로 낳아 어려서부터 엄마의 모범으로 하나님의 말씀을 즐겁게 암송하게 하며, 날마다 암송가정예배를 자녀주도로 드리는 것이 303비전이다.

303비전대로 자녀를 키우는 가정들이 여기저기서 많이 일어나고 있는 것은 참 바람직하다. 두 아들, 두 딸을 303비전으로 아름답게 키우고 있는 이형동 전도사와 백은실 사모의 가정이 그 대표적 예이다. 또한 요즘 내 페이스북(facebook)에 날마다 공유하며 두 남매를 303비전으로 예쁘게 키우고 있는 오키나와의 전혜란 집사와 미육군 중령 출신의 남편 단 가족도 있다.

우리에겐 민족개조의 밝은 꿈이 있다. 30년, 60년, 100년을 예비하며 오늘을 성실히 살아가는 303비전 가족들이 날로 늘어나게 하시는 롬팔이팔(롬 8:28)의 하나님께 감사드린다.

예수님은 온전한 하나님이시요, 온전한 사람이시다. 예수님은 어려서부터 '나는 하나님의 아들로서 나의 사명은 성경에 기록된 바를 이루는 것이다'라는 사명의식을 가지고 성경을 익히셨을 것이다. 따라서 우리는 자녀교육의 지혜를 여기서 얻어야 한다.

다음과 같은 사항을 지켜서 하나님께 귀한 유산으로 받은 자녀를 말씀암송 태교로 시작하자. 어릴 때부터 하나님의 자녀로서의 긍지를 심어주자. 말씀암송교육을 통해서 예수님의 참제자의 사명의식을 스스로 품고 자라도록 하자.

- 주께서 허락하신 자녀를 말씀태교로 낳는 일부터 시작한다.
- 아이가 어려서부터 하나님의 자녀임을 성경을 통해서 가르친다.
- 성경은 하나님의 말씀이요, 말씀은 곧 하나님이심을 요한복음 1장 1절을 암송함으로써 스스로 깨닫게 가르친다.
- 자녀를 위해 기도할 때마다 '하나님의 아들 OOO', '하나님의 딸 OOO'라고 부르며 기도한다.

- 자녀에게 일상의 작은 일 하나라도 오직 '하나님이 기뻐하시는 일일까? 하나님이 슬퍼하시는 일일까?'로 판단하도록 가르친다.

- 부모는 자녀에게 말로 가르치기 전에 삶의 본으로 가르친다.

- 언제나 밝고 기쁘고 경건한 분위기에서 가정예배를 날마다 자녀주도로 함께 드리는 것을 원칙으로 삼는다.

- 말씀암송과 묵상, 찬송과 기도, 사랑과 예도의 생기가 넘치는 가정이 되도록 힘쓴다.

자녀가 살고, 가정이 살고, 교회가 사는 길

우리는 하나님을 사랑하고 하나님께서 쓰실 목적(사명)을 가지고 부르심(소명)을 받은 자에게는 모든 것이 합력(合力)하여 선(善)을 이루신다는 하나님의 섭리를 밝힌 로마서 8장 28절 말씀을 굳게 믿는다.

부르심을 받은 모든 성도는 마땅히 감당해야 할 각자의 사명(使命)이 있다. 그중에서 가장 중대한 공통된 사명 하나가 다음세대를 말씀으로 길러서 성실한 믿음의 사람 곧 그리스도의 참제자가 되게 하는 일이다.

그런데 우리의 현실은 어떠한가? 자녀는 부모의 교훈이 아니라 부모의 삶을 보고 배운다. 삶으로 자녀에게 본을 보여주는 게 결코 쉬운 일은 아니다. 그럼에도 불구하고 그리 해야 하며, 이를 위해서는 먼저 경건하고 즐거운 가정예배가 살아나야 한다. 날마다 혹은 한 주에 몇 차례라도 규칙적으로 부모와 자녀가 한 자리에 모여 앉아 밝은 분위기에서 가정예배를 드려야 한다.

전통적인 가정예배의 방법과 형식이 현시대에 부응하지 못해서 이대로는 안 된다는 것을 알 만한 사람은 다 안다. 이제 우리 가정예배의 방법이 새롭게 바뀌어야 한다. 교회예배와 가정예배는 마땅히 그 형식이 달라야 한다.

교회예배는 목사님의 설교가 있는 반면 가정예배는 설교 대신 부모와 자녀가 함께 성경을 읽거나 암송하면 된다. 또한 이제까지는 부모가 예배를 인도하였으나, 303비전 예배는 어린 자녀가 인도하도록 권면한다.

실제로 우리의 어린 자녀들은 놀라울 정도로 예배인도를 잘 하고 있다. 부모가 예배를 드리자고 말하기 전에 자녀들이 솔선하여 가정예배를 드리자 하니 저절로 가정예배를 즐거운 마음으로 드리게 된다. 가정예배를 드리는 두 엄마의 진솔한 일기를 옮겨본다.

보기1 S교회 S집사님은 일찍이 27기 유니게과정을 수료하고 아리(11세)와 헌욱(8세) 두 자녀에게 말씀암송을 잘 가르쳐서 둘 다 303비전꿈나무장학생이 되었다.

오늘 저녁에도 아이들과 남편과 함께 암송가정예배를 드렸다. <엄마와 함께 암송한 하나님 말씀을>(유니게 주제가)을 부르고 다같이 신명기 6장

4절부터 9절까지의 말씀을 외웠다. 현욱이가 시편 100편과 마태복음 5장 1절부터 16절까지를 외우기 시작했다. 큰딸 아리는 암송진도가 조금 더 빠르다. 두 아이가 암송훈련을 잘 따라와주고, 매일 가정예배를 즐겁게 드릴 수 있음에 감사하다.

남편과 나는 서른이 넘어서 예수님을 만났고, 양가가 다 안 믿는다. 그래서인지 가정예배가 부담스러웠고, 성경책을 펼쳐 읽다보면, 아이들의 분위기가 산만해져서 나도 언성이 높아지곤 했다.

그런데 말씀암송으로 예배를 드리다보니 집중도 잘하고, 때론 한 구절씩 릴레이로 게임을 하듯이 말씀을 암송하면서 예배를 즐겁게 드리게 되었다.

마지막에 기도할 때에는 아리가 이미 암송한 말씀을 인용하여 기도하는 모습에 은혜를 받았다. 현욱이의 "가정예배를 드리게 해주셔서 감사합니다"란 짧은 기도에 눈물이 핑 돌기도 했다.

남편도 편하게 같이 가정예배를 드리게 인도해주어서 감사하다. 하루를 말씀암송으로 시작하고 암송가정예배로 마무리하게 해주신 하나님께 감사드린다.

보기 2 Y교회 K집사님은 36기 유니게과정을 수료했고, 강현(11세)과 세현(9세)에게 말씀암송을 가르치고 암송가정예배를 성실히 드리고 있다.

암송학교 유니게과정을 두 번째 주부터 출석했다. 최에스더 사모님의 자녀 말씀교육과 여운학 장로님의 강의에 큰 은혜를 받았다. 당장이라도 암송가정예배를 드리고 싶었으나 하루하루 미루다가 드디어 오늘 처음으로 암송가정예배를 드리게 되었다.

주일예배 후 집에 돌아와 여러 가지로 분주했지만 예배드리고 싶은 마음을 주셔서 두 아들에게 암송예배를 드리자고 했더니 무척 좋아했다.

성경책, 주일학교 숙제공책, 필기도구를 가지고 와서 앉아있는 아이들의 모습을 보며 참 감사한 마음이 들었다. <303비전꿈나무송>을 아이들과 즐겁게 부르고 기도와 함께 예배를 시작했다.

신명기 6장 4-9절 말씀을 하니비암송법으로 암송하였는데, 교회에서 이미 암송훈련을 받아서 암송은 잘했지만 절수를 세는 손가락은 제각각이었다. 하지만 참 감사했다. 우선 아이들이 지루해하지 않아 감사했다. 예배는 기쁨으로 드려야 하며 말씀암송은 즐겁다는 인식을 심어주기 위해 짧은 시간에 마치려고 했다.

기도제목을 나누고 서로를 위해 기도하는 아이들의 모습이 얼마나 기특하고 예쁜지, 감사가 절로 나왔다. 예배를 마치고 나서는 손을 높이 올려 하나님께 영광의 박수를 드렸다.

2009년에 출간한 《말씀암송 자녀교육》에 실린 글의 일부를 옮겼다. 보기에 따라 '예배를 저렇게 드려서 될까?'라고 생각할 수도 있겠으나 얼마나 하나님께서 기뻐하실 예배인가! 이런 가정예배를 싫어할 자녀들이 있겠는가! 자녀들이 더욱 말씀을 즐겨 암송하며 드리는 예배가 아닌가!

이렇게 될 때 우리의 자녀가 살고, 가정이 살고, 교회가 살 수 있다고 확신한다. 지금은 가정교육과 자녀의 신앙훈련에 온 정성을 다하고 온 지혜를 모아야 할 때다. 교회의 주일학교가 사라져가고 있다는 염려만 하며 그 책임을 물을 때가 아니다. 부모가 책임지고 당장 말씀암송교육과 말씀암송 가정예배를 시도해야 한다.

교회는 참된 신앙교육에 관한 능력도 갖추지 못한 현실 속에서 어린이의 신앙교육을 교회학교만의 노력으로 이룰 수 있으리라는 생각을 버려야 한다. 한 주 168시간 동안 교회학교에서 가르칠 수 있는 시간은 한 시간도 채 되지 않는다. 그러니 더 많은 시간 함께하는 가정에서 부모가 책임지고 나서도록 권장하고 도와야 하지 않겠는가!

오늘 내가 네게 명하는 이 말씀을 너는 마음에 새기고 네 자녀에게 부지런히 가르치며 신 6:6,7

지속이 중요하다

앞서 말한 대로 나는 데일 카네기의 《인간관계론》과 저자가 기억나지 않는 일어판 《청년의 길》을 읽고 큰 도전을 받았다. 《청년의 길》의 핵심주제인 '성공의 4단계', 곧 반성, 결단, 실천, 지속 가운데에서 지속에 관한 이야기를 나누고 싶다.

아무리 좋은 시도도 지속하지 아니하면 물거품이 되기 때문에 지속의 중요성을 다짐하고 싶어서다. 지속은 어려운 것임에 틀림없다. 그러나 어떤 분야에서든지 지속하는 사람은 달인이 될 수 있다.

나는 초등학교 시절에 익힌 우리의 전래시조를 평생 즐겨 묵상한다.

태산이 높다 하되 하늘 아래 뫼이로다
오르고 또 오르면 못 오를리 없건마는
사람이 제 아니 오르고 뫼를 높다 하더라

진실로 그러하다. 오르기를 지속하면 에베레스트산도, 킬리만자로 산도 정복할 수 있다.

나는 초등학교 시절에 "우물물을 이른 새벽에 세 모금만 마시면 머리가 좋아진다"는 말을 어머니한테 듣고, 그리 행하기 시작한 습관을 여든이 넘은 지금도 즐겨 행하고 있다. 그로 인해 머리가 더 좋아졌는지는 알 수 없지만, 잔병치레가 없고 위장이 튼튼한 편이다.

'새벽예배의 은사는 건강이다'라는 말을 듣고 마흔 늦깎이 믿음에 시작한 새벽예배는 습관이 되어, 오히려 새벽예배를 드리지 않으면 하루 종일 몸과 마음이 무겁다.

또한 새벽에 눈을 뜨자마자 화장실에 앉아 주기도문, 사도신경, 십계명, 팔복, 가상칠언(Seven Words from the Cross)을 우리말과 NIV로 7분 동안 암송하기를 20년이 넘게 지속하고 있다.

지금은 팔복 말씀 중 "Blessed are the pure in heart, for they will see God"(마음이 청결한 자는 복이 있나니 그들이 하나님을 볼 것임이요, 마 5:8)은 두 번 반복하며 묵상한다. 하나님의 얼굴 곧 예수님의 얼굴을 뵙고 싶은 마음에서다.

지속이 결코 쉬운 것은 아니지만, 하나님의 말씀과 뜻 안에서 시작한 말씀암송을 지속하려면 일사각오의 사명의식이 필요하다. 나는 유니게과정에서 젊은 엄마들에게 그림을 그려가며 성공의 4단계를 풀이해주기도 한다. 엄마들은 반성(회개), 결단, 실천, 지속 중에 앞의 3단계까지는 잘 지키는 편이다. 그러나 성공의 결정적 열쇠인 '지속'을 지키는 사람은 드물다.

마땅히 행할 길을 아이에게 가르치라 그리하면 늙어도 그것을 떠나지 아니하리라 잠 22:6

오늘 내가 네게 명하는 이 말씀을 너는 마음에 새기고 네 자녀에게 부지런히 가르치며 신 6:6,7

하나님의 말씀을 자녀에게 어려서부터 가르치는 것은 크리스천 엄마의 절대 사명이다. 이는 하나님의 명령이기도 하다. 하나님은 자녀교육을 위하여 엄마들이 먼저 하나님의 말씀을 암송하라고 하신다. 자녀의 신앙교육을 교회에만 맡기는 부모는 하나님의 명령을 어기는 죄를 면할 수 없다.

30,40대 엄마가 말씀을 암송한다는 것은 결코 쉬운 일이 아니다. 그러나 사명감으로 혹은 사모하는 마음으로 일단 유니게과정에 등록하여 열심히 익히면 비록 처음에는 힘이 들어도 1단계 6주 과정을 마칠 무렵에는 100절의 말씀을 80-90퍼센트의 엄마들이 거의 암송할 수 있게 된다.

그리하여 6주차 감사제를 드리는 시간에 조별로 강단 앞에 나가서 손가락으로 절수를 꼽으며 암송할 때의 분위기는 마치 천국잔치처럼 행복이 차고 넘친다.

그러나 몇 주만 지나면 말씀암송의 감격과 기쁨이 점점 사라져간다. 각 가정에 위탁된 존귀한 하나님의 어린 자녀들은 지속을 지키지 못하는 엄마와 함께 말씀암송의 반복훈련에서 멀어지게 되고, 결국 말씀암송의 타이밍을 놓치게 된다. 너무나 안타깝고 슬픈 현실이다.

말씀암송을 지속하려면 본인의 의지력과 인내도 큰 몫을 차지하려니와 성령충만이 없이는 어려운 일이다. 그렇다면 성령충만은 어떻게 해야 받을 수 있을까? 경건하고 성실한 성품에 말씀을 사모하는 마음으로 반복 암송함으로써 온전한 묵상을 즐길 때, 주께서 그 마음에 기쁨과 평안을 주시며 성령으로 충만하게 하신다.

하나님을 사랑하고 하나님 말씀대로 살기 위해서는 아니, 우리의 다음세대 곧 30년 후 우리나라를 이끌어가고 세계 경쟁에서 승리해야 할 존귀한 자녀들을 하나님의 뜻대로 키우기 위해서는 우선순위가 반드시 필요하다.

그것은 진리의 말씀을 가정에서 엄마 아빠의 성실한 삶과 말씀암송의 모범을 통하여 가르치는 것이다. 이를 위하여 지속은 절대 필수조건이다. 회개, 결단, 실천에 이은 지속은 하나님의 지상명령이며, 말씀 순종의 으뜸 덕목이라 하겠다.

너희는 이 세대를 본받지 말고 오직 마음을 새롭게 함으로 변화를 받아 하나님의 선하시고 기뻐하시고 온전하신 뜻이 무엇인지 분별하도록 하라 롬 12:2

예배와 찬송, 말씀암송과 책읽기,
신덕지체 훈련과 전도 등을
즐겁게 열심히 생활화하는 교육으로
예수 그리스도의 참제자로 자라가는
교회학교가 세워지길 소망한다.

6장

교회의 암송교육

멘토십
교회 성장의 꿈

예수님은 3년간의 공생애 동안에 열두 제자를 먼저 양육하신 후에 70명(혹은 72명)의 전도자들을 두 사람씩 짝지어 복음을 전파케 하셨다. 우리는 예수님의 제자로서 그분을 본받기 원한다.

303비전은 2000년을 기점으로 30년 이후를 준비하며 훈련 양육하는 것으로 시작했다. 60년, 100년을 3세대에 걸쳐서 1차 세대, 2차 세대, 3차 세대식으로 이어간다. 이렇게 훈련 양육하는 방향으로 교회도 나아가면 지금부터 20년, 늦어도 30년 이후에는 그 열매가 주렁주렁 열릴 것이다. 303비전이란 이 꿈을 일컫는 말이다.

303비전 교회성장을 원하는 담임목회자는 먼저 303비전에 전적 공감을 이루고, 적어도 200절 이상의 말씀을 주기도문 수준으로 몸에 익혀야 한다. 그런 후에 본인이 목회하는 교회에서 성장해온 젊은이들 가운데 오랜 관찰과 기도 그리고 본인의 의지 등 공정한 기준으로 8~12명의 교회부흥의 핵심멤버가 될 제1기 제자반을 엄선하여 구성한다.

 제1기 제자반 기본훈련

1. 303비전을 공유하고 사명자 의식을 확고히 한다.

2. 말씀암송의 절대 필요성을 인식시키고 각자가 스스로 열심을 내어 유니게과정 1,2단계 200절을 12주 안에 주기도문 수준으로 암송케 한다.

3. 일정한 기간 동안 엄격한 암송 테스트를 거쳐서 통과자를 발표한다.

4. 통과자들은 3박 4일의 합숙훈련을 통해 교회부흥의 1차목표 곧 각자의 중고등부 멘티(mentee) 5~8명을 찾아 학습반을 구성할 것을 합의 결정한다.

5. 각자의 반원들에게 자신이 받았던 303비전 교육으로 정신무장을 시키는 일에 온 힘을 다한다.

6. 스스로 연구개발한 방법으로 반원들에게 사모하는 마음과 사명자의 책임의식을 심어주어 말씀암송을 스스로 익히도록 한다.

7. 목회자는 가르치고 훈련하는 모든 일을 기도와 자기 희생의 모범으로 진행하되 신덕지체의 바탕 위에서 행한다.

8. 이같은 훈련을 1년에 1,2회 실시하는 것을 교회부흥의 터닦기 과정으로 삼는다. 청년부 제1기 제자반 훈련의 열매로 중고등부 제1기 제자반 훈련이 자체적으로 이루어지는 순환이 원활하게 이루지도록 한다. 이를 위해 어른 세대들이 기도와 교회생활의 뒷바라지를 자원하여 즐겨 맡도록 격려하고 가르치는 일은 담임목회자의 몫이다.

30여 년 전에 1만 명의 유초등부 어린이들이 모이는 교회로 잘 알려진 부산의 서부교회 이야기는 한국교회의 신화가 되었다. 이전에 그 교회에서 교사로 섬기던 자매가 규장의 가족으로 일하게 되었는데, 그녀에게 놀라운 간증을 들었다.

그 교회에서는 새 학년도가 되면 배정된 학생은 한 사람도 없이 새로운 교사를 임명한단다. 그러면 그 교사는 열심히 전도하여 직접 자신의 반 제자를 삼는 것이 전통화되었다고 한다.

이리하여 새로 임명받은 교사들마다 최선을 다하여 자기 반을 늘려 나가 20명, 30명이 되는 반은 보통이고, 연말이 되면 한 교사에 300명이 넘는 반도 있었단다. 물론 거기에는 보조교사들이 많았으리라.

교사는 주일이 되면 자기반 아이들을 일찍부터 찾아다니며 자는 아이를 깨우기도 하고 부모님을 설득하기도 하며 내 자녀 이상의 사랑을 쏟아 교회로 데리고 온다고 한다. 물론 그 교회에서는 주일학교의 학년별 구분이 없고, 설교는 전주에 선포되었던 담임목사님의 설교를 교사가 그대로 전하는 것이란다. 이에 대한 찬반양론이 있을 수 있으나 교리에 벗어나는 일은 없겠고 담임목사님의 교육이념이 온전히 전달된다는 이점을 무시할 수 없으리라.

303비전 목회는 다음세대를 말씀으로 무장시키자는 것이다. 이는 말씀 자체를 통째로 암송하여 반복 묵상하는 이스라엘의 쉐마교육과 같은 것으로, 어떤 의미에서는 교회교육의 새 지평을 여는 조용한 혁명이라 할 수 있다.

암기력이 왕성한 어린시절에 말씀을 주기도문 수준으로 암송하며 날마다의 가정예배와 매주 드리는 교회 예배에서 지속적으로 반복 훈련하라. 그리하면 모든 가정이 예수님의 참제자가 되고, 교회는 참교육이자 교회부흥의 건전한 교육시스템을 갖출 수 있으리라고 믿는다.

결국 말씀암송 교육을 바탕으로 하지 않고는 303비전 교회부흥의 꿈을 이룰 수 없다. 이 황홀한 교회부흥의 꿈이 곧 예수님의 현대판 멘토십 교육의 기본 정신이 아니고 무엇이랴!

교회가 부흥하려면
생기가 살아나야 한다

　한국교회는 부흥해야 한다. 하나님께서 세계선교를 감당할 나라로 한국을 지명하시고 오늘까지 돌봐주셨기 때문이다. 복음을 전파하려면 먼저 국가의 경제력이 커서 피선교국을 도울 수 있어야 한다. 적어도 G20 안에는 들어야 한다.

　이런 의미에서 아무리 지구의를 돌려가며 살펴보아도 G20 국가 중에 기독교를 전파할 나라는 미국과 한국 외에는 찾아보기 힘들다. 그런데 미국은 성경이 죄로 규정하는 동성결혼을 합법화하였으니 앞으로 기대할 나라는 한국밖에 없다.

　한국교회는 지금 안팎으로 어려움을 당하고 있다. 밖으로는 공중권세 잡은 세력들이 지능적으로 한국교회를 옥죄어오고 있으며, 안으로는 교회와 성도들이 날로 생기를 잃어가고 있다. 지난 반세기 동안 교회가 너무 외적 부흥에만 힘을 기울였던 것은 아닌지 돌아보게 된다.

이 땅의 많은 교회가 말씀 따로 삶 따로 사는 데 익숙해져서 사회공동체로서의 도덕성 같은 것에는 관심조차 두지 않고 있다. 오직 선교에만 올인하면 된다는 치우친 신앙지침을 강조하기도 한다. 그로 인해 교회와 교인들이 기독교를 떠나거나 멀리하는 경향이 증가하는 것을 부정할 수 없다.

이제 한국교회는 철저히 회개해야 한다. 성도와 교회가 말씀과 성령충만으로 생기를 되찾는 길을 모색해야 할 때가 왔다. 말씀의 생활화와 성령충만을 겸비(兼備)하지 못한 교회부흥은 온전치 않다. 나아가 성령충만은 나무 뿌리를 뽑는 기도만으로 이루어질 수 없다.

말씀을 입과 귀로 배우고 가르치는 것으로 삶이 바뀌기를 기대할 수 없다. 말씀의 생활화는 진리의 말씀을 사모하는 마음으로 말씀을 암송하고 주야로 묵상하며, 말씀대로 살기를 힘쓰는 열매로 나타난다. 참된 방법을 찾아야 할 때가 온 것이다. 이런 관점에서 한국교회가 생기를 되찾을 수 있는 방법을 조심스럽게 그러면서도 확신을 가지고 제안한다.

첫째, 새벽예배가 바뀌어야 한다. 매너리즘에 빠진 종래의 무기력한 새벽예배는 성도의 삶에 아무런 영향을 줄 수 없다. 구체적으로 대안 한 가지를 제시한다면, '새 테필린'(유대 민족의 테필린 31절에 구원, 사랑,

성품, 말씀, 찬송과 기도에 관한 22절의 말씀을 추가한 것) 53절을 순서대로 한 주에 한 절씩을 주제로 10분간 알기 쉽게 풀어 설교한다. 그런 다음, 다 함께 20분 동안 이 말씀을 개별적으로 100번 이상 반복 암송하여 입에서 말씀이 절로 나오도록 익힌다.

나머지 기도시간엔 익힌 말씀을 암송으로 되뇌이면서 20분간 통성기도한 후에 나라와 세계를 위하여, 교회와 가정을 위하여 자유로이 기도한다. 그러면 교회마다 새벽예배 시간에 놀라운 은혜를 체험하게 될 것이다. 시간이 흐를수록 성령충만한 시간으로 바뀌고 생기가 살아날 것이다.

또한 먼저 암송한 말씀을 계속하여 날마다 한 번 이상 암송할 때 점점 더 그 말씀이 성도의 영혼을 일깨울 것이다. 그러나 현실은 새벽예배 시간에 다 함께 소리내어 주제 말씀을 암송하는 훈련은 생각지도 못하고 있다.

더욱 안타까운 사실은 말씀암송 훈련 경험이 거의 없는 교수들로 인해 신대원에서도 제대로 반복암송하는 훈련을 받지 못하고, 교회 현장에 나와서도 그런 기회가 전혀 없기에 성도들이 어렵게 암송한 말씀을 까맣게 잊어버리게 하는 경우가 종종 있다는 것이다. 머리가 깨끗이 정돈된 새벽예배 시간에 존귀한 하나님의 말씀을 지극히 사모하는 마음으로 암송하는 것과 이미 암송한 말씀을 날마다 반복 암송하는 것은 귀한 암송의 지혜라 할 수 있다.

둘째, 가정예배가 바뀌어야 한다. 가정예배의 목적은 온 가족이 한 자리에 모여 앉아서 한 목소리로 하나님을 찬양하고 말씀을 통해서 은혜를 받으며, 온 가족의 합심기도와 개별기도로 하나님의 긍휼을 구하고 참된 삶을 서원하는 데 있다. 자녀와 부모가 기쁘고 즐거운 마음으로 드리는 예배가 되어야 함은 물론이다.

내가 제안하는 가정예배는 자녀가 주도하는 가정예배이며, 설교 대신 말씀암송으로 하나님께 영광을 돌리는 예배를 말한다. 예배시간과 형식은 자유롭게 정하되 오직 경건한 자세로 날마다 드리는 것을 원칙으로 삼아야 지속할 수 있다.

셋째, 교회학교가 살아나야 한다. 줄어드는 인원에 마음 졸일 필요는 없다. 아이들의 믿음과 성품을 올바로 양육하기 위해 교사와 교역자는 새벽마다 그들의 이름을 불러가며 기도해야 한다.

그러나 교회가 가정의 도움 없이 어린이의 신앙교육을 감당하는 것은 무리다. 각 가정의 엄마나 보호자와 긴밀히 연락하여 개개인의 사정을 이해하면서 신앙교육의 기초인 말씀암송교육에 올인해야 한다.

그러기 위해서는 교역자와 교사가 적어도 유니게과정 1,2단계, 100절이나 200절의 말씀암송은 필수로 삼아야 한다.

만일 교역자와 교사가 일사각오로 말씀을 암송하고 기도에 힘쓴다면 교회학교와 어린이들의 생기가 살아나서 아름답고 눈부신 부흥이 일어날 것이다. 그러면 자녀뿐 아니라 그 부모들도 말씀으로 살아나고, 자녀의 성품교육으로 고민하는 불신가정의 선망의 대상이 될 것이다. 그리고 자연스럽게 입에서 입으로 전파되어 그 교회를 스스로 찾는 불신 엄마들이 줄을 서게 될 것이다.

이 모든 일은 몽상가의 꿈이 아니다. 실제로 모범을 보여주고 있는 교회가 있다. 경기 동부광성교회(김호권 목사), 서울 부르신교회(김종욱 목사), 서울 포도나무교회(최현기 목사), 대구 엠마오교회(한창수 목사)가 그렇다. 실제로 많은 교회 담임교역자, 부교역자, 교사들이 주중에 견학을 온다고 한다.

또한 담당교역자, 교사, 엄마들의 말씀암송교육을 담당하고 있는 303비전성경암송학교 유니게과정이 서울과 경기, 대전, 대구, 울산, 부산에서 연중 끊임없이 열리고 있는 것이 그 증거다.

한국교회와 교회학교와 성도의 가정에 성령의 감동으로 생기가 약동하기 시작했다. 하나님께서 세계선교를 감당할 한국교회를 긍휼히 여기시사 1995년에 303비전장학회(당시는 이슬비장학회)를 세워 1,000절의 말씀을 암송하는 목회자를 양성케 하셨다. 1999년부터는 성경암송학교 유니게과정을 열어 2017년까지 9,100명이 넘는 엄마들이 말씀암송교육을 이수했으며, 이 일은 지속될 것이다.

말씀암송으로
생기가 넘치는 교회

시편 1편은 복 있는 사람의 모습을 이런 노래로 부르기 시작한다.

> 복있는 사람은 악인들의 꾀를 따르지 아니하며 죄인들의 길에 서지 아니하며 오만한 자들의 자리에 앉지 아니하고 오직 여호와의 율법을 즐거워하여 그의 율법을 주야로 묵상하는도다 시 1:1,2

또한 시편 119편 97절에서 시인은 "내가 주의 법을 어찌 그리 사랑하는지요 내가 그것을 종일 작은 소리로 읊조리나이다"라고 노래한다. 여기서 "주야로 묵상하는도다"와 "종일 작은 소리로 읊조리나이다"는 서로 번역자가 표현을 달리했을 뿐 뜻은 같다.

오직 한 가지, 말씀 묵상의 전제조건을 잊어서는 안 된다. 하나님의 말씀을 즐거워하여 밤낮으로 제대로 묵상하려면 정확히 암송하는 것이 우선순위이다.

진리이신 하나님의 말씀을 암송하지 아니한 채 사랑하고 사모하는 마음으로, 혹은 기쁘고 즐거워하는 마음으로 묵상할 수가 없다. 로마서 7장에서 바울이 기록한 바와 같이 인간은 죄성 때문에 순수한 진리를 생각하려 하면 잡념이 떠오르게 마련이다.

오직 암송한 말씀을 사모하는 마음으로 반복 암송하는 동안 주께서 묵상(默想)의 지혜와 은혜를 베풀어주심을 나는 체험을 통해서 깨달았다.

나는 마흔의 나이에 늦게 예수님을 영접하고 성경을 즐겨 읽는 가운데 먼저 요한복음 15장 전장, 1절부터 27절까지를 끈질기게 반복 암송하고 낮 근무시간에도 틈틈이 원고지에 암송한 말씀을 쓰기도 하면서 6개월 만에 주기도문 수준으로 암송했다. 그 후 출퇴근 시 만원버스 안에서 요한복음 15장을 계속 반복 암송했는데, 그러다가 내리는 정류장을 지나치는 경우가 가끔 있을 정도였다.

요한복음 14,15,16장 전장을 암송하면서 얻은 지혜와 은혜는 이루 말할 수 없이 컸다. 그밖에도 요한복음 1장 1 18절과 3장 전장 1 36절을 이어서 암송하는 가운데 나도 모르는 사이에 묵상의 오묘한 꿀맛을 즐기게 되었다.

요한복음 14,15,16장은 예수님의 이른 바 '유언설교'로 예수님의 공생애 3년간 그분을 가장 가까이 따르던 사도 요한이 성령의 감동에 따라 기록한 글이다. 이것을 생각할 때 한 말씀 한 말씀이 나의 심금을 울렸다. 내게는 웬만한 설교나 강해를 듣거나 읽는 것보다 묵상 가운데 얻어지는 감동이 더 기억에 남는다. 말씀을 사모하는 마음으로 반복하여 암송하며 묵상할 때에 주께서는 진리의 영 곧 보혜사 성령을 보내어주신다.

성령의 충만함을 받으면 저절로 마음이 평안해지며 기쁨이 일고 어려운 가운데서도 숨통이 트인다. 무엇보다 출판사업의 부진에서 기인한 피할 길 없는 경제적 압박 속에서 얻은 위로와 평안함은 말로 다 할 수 없었다.

나는 요한복음과 이사야서, 시편 말씀을 암송하면서 평안과 기쁨을 얻었고, 소망을 가지고 살게 되었다. 처음엔 나 혼자 말씀암송과 묵상의 삶을 지속하였으나 성령의 감동으로 사랑하는 규장의 형제자매들에게 말씀암송의 유익을 나누었다. 그래서 그들과 함께 날마다 드리는 아침 경건의 시간에 한 목소리로 말씀을 암송했다.

여태까지는 그들이 그 시간에 말씀을 읽는 것은 좋아하나 암송하는 것은 부담스럽게 받아들일 줄로만 알았다. 그리하여 기도하면서 삶에 큰 힘이 되는 말씀부터 한 절 두 절 암송하다 보니, 어찌나 잘들 암송하는지 나도 본인들도 다 같이 놀랄 정도였다.

그토록 큰 짐이던 부채도 다 갚고, 사옥 신축과 평생 꿈꾸던 장학회 기금조성을 위한 저축을 시작했다. 그래서 내가 가장 어려울 때 큰 힘이 되었던 시편 40편 1절부터 3절까지의 말씀부터 암송하기 시작했다.

> 내가 여호와를 기다리고 기다렸더니 귀를 기울이사 나의 부르짖음을 들으셨도다 나를 기가 막힐 웅덩이와 수렁에서 끌어올리시고 내 발을 반석 위에 두사 내 걸음을 견고하게 하셨도다 새 노래 곧 우리 하나님께 올릴 찬송을 내 입에 두셨으니 많은 사람이 보고 두려워하여 여호와를 의지하리로다 시 40:1-3

또한 이른 바 '하나님의 핫라인'이라고 불리는 예레미야서 33장 3절 말씀도 암송하면서 나의 간증을 직원들에게 들려주었던 기억이 난다.

> 너는 내게 부르짖으라 내가 네게 응답하겠고 네가 알지 못하는 크고 은밀한 일을 네게 보이리라 렘 33:3

두렵고 떨리는 상황에 처했을 때 큰 힘이 되는 이사야서 41장 10절 말씀도 누구에게나 큰 힘이 되리라 확신하여 초기에 암송했다.

> 두려워하지 말라 내가 너와 함께 함이라 놀라지 말라 나는 네 하나님이 됨이라 내가 너를 굳세게 하리라 참으로 너를 도와주리라 참으로 나의 의로운 오른손으로 너를 붙들리라 사 41:10

이렇게 절수를 늘려가다 보니 150절에 이르렀다. 그리하여 하루에 50절씩 나누어 암송하는 가운데 온 규장 가족이 말씀암송과 묵상의 천국을 경험하게 되었다. 그러다가 막내아들이 규장의 대표가 되면서부터는 아침 경건의 시간 한 시간 전부터 거의 전 직원이 출근하여 사내 예배실에서 방언으로 소리 높여 뜨거운 기도를 드렸다.

그 후론 출판사 경영은 아들에게 맡기고 303비전성경암송학교 유니게과정 교육현장에서 바쁘게 뛰다보니 자연스럽게 아침 경건의 시간에 함께하는 기회가 적어지게 되었다.

교회가 아닌 사업현장에서 날마다 일을 시작하기 전에 경건의 시간을 지킬 수 있다는 것만으로 감사한다. 말씀은 곧 하나님이시라고 성경은 증언한다. 하나님이신 말씀을 암송하고 날마다 그 말씀을 반복하는 가운데 묵상이 이루어지게 하시는 하나님의 사랑에 늘 감사하며 사는 인생보다 더 행복한 삶이 어디 있으랴 싶다.

오늘날 한국교회는 생기를 잃어가고 있다. 여러 요인이 있겠으나, 나의 경험을 통해서 확신하기는 교회에 말씀암송이 없는 데서 주된 원인을 찾을 수 있다. 문제는 교역자와 성도들이 말씀을 암송하고 싶은 마음은 있으나 힘들여 말씀암송하기를 좋아하지 않는 데 있다. 교회 교역자들이 앞장서서 말씀을 암송하는 교회의 성도들은 다 말씀암송과 묵상의 복을 누리게 마련이다.

교회에 생명의 말씀을 암송하는 선한 경쟁이 일어나면 성도들의 화제가 자연스럽게 말씀암송으로 바뀌고, 그런 교회에는 성령께서 임재하사 성도들의 심령이 기쁨과 평화로 가득하게 된다.

특별히 교회학교와 청년부 교육이 말씀암송 우선순위로 바뀌어야 한다. 성경공부도, 선교도, 전도도, 사회봉사도 다 교회가 힘써야 할 일이다. 그러나 모두 말씀암송으로 성도의 생기가 살아난 이후에야 제대로 할 수 있는 사역이다. 생기가 살아난다는 것은 생명의 말씀이 내 안에 거함으로 그 영혼이 성령의 충만함을 입는 것이다.

영적 지도자들이여 깨어 일어나라! 말씀암송과 묵상훈련으로 새벽을 깨워라!

하나님이여 내 마음이 확정되었고 내 마음이 확정되었사오니 내가 노래하고 내가 찬송하리이다 내 영광아 깰지어다 비파야, 수금아, 깰지어다 내가 새벽을 깨우리로다 시 57:7,8

어느 교회학교
전도사님의 편지

어린이교육에 관심이 많은 사람들은 한국교회 교회학교의 인원수가 날로 줄어들고 있다는 통계에 심히 가슴 아파하고 있다. 교회의 현실은 어떠한가? 교회학교에 나오는 어린이들에게 교단에서 발행하는 공과교육이 제구실을 하고 있는가?

나는 일찍부터 기억력이 왕성한 유초등부를 비롯하여 중고등부와 청년대학부, 장년부까지도 말씀암송을 우선하는 교육으로 바꾸어야 한국교회가 생기를 되찾을 수 있다고 주장하여 왔다.

303비전성경암송학교의 최근 수료생인 한 여전도사님에게서 개인적으로 근황보고를 받았다. 그 전도사님이 올 초부터 섬기기 시작한 교회는 서울 근교에 자리한 중형교회임에도 불구하고 유초등부 교사도 없고 겨우 5명의 어린이가 엄마의 예배시간 동안 교회의 한 공간에서 자기들끼리 놀다가 집으로 돌아가는 수준이었단다. 그러나 그녀가 그 교회의 전도사 직분을 맡은 해의 5월 1일 주일예배에는 20명 가까운 아이들이 그 전도사님의 인도로 예배를 드렸다고 한다. 나는 그 이야기가 한국교회의 발전에 도움이 되리라 확신하여 본인의 양해를 얻어 여기에 공유한다.

얼마 전에 교회에서 가까운 초등학교 교장선생님을 직접 찾아뵙고 정중히 인사드리면서 부탁을 드렸습니다.
"교장선생님, 오는 어린이주일에 우리 교회에 오셔서 2부 순서 시간에 동화구연이든 독서지도든 그밖에 무슨 말씀이든지 아이들에게 도움이 되는 강연을 해주시면 감사하겠습니다."
교장선생님은 흔쾌히 초청을 수락하셨습니다. 그 학교에 다니는 아동부 친구에게 교장선생님이 오시기로 했다고 알려주었더니, 굉장히 좋아하면서 교회에 다니지 않는 친구들을 주일예배 시간에 데리고 왔습니다.
믿지 않는 교장선생님에게 질문하고 싶은 내용을 미리 아이들과 의논하여 준비해두었기에, 교장선생님의 말씀 후에 재미있는 질의분답 시간도 가졌습니다. 끝맺음 기도 시간에 한 친구가 교장선생님과 학교 선생님들을 위한 기도를 간절히 했는데 정말 감동의 시간이었습니다.
(중략)
그리고 아동부에 새로 온 친구의 엄마에게 정성껏 손편지를 썼습니다.

"어머님, 잘 키우신 따님을 우리 교회에 보내주셔서 감사합니다."

이렇게 시작하여 매주 그 아이가 집에 가기 전에 그날 그 아이로부터 받았던 긍정적 느낌을 칭찬과 함께 적어보내며, 앞으로 어머님과 나누고 싶은 이야기 또 이끌어주고 싶은 방향 제시 등도 적어서 보내드렸습니다. 그리고 마지막에 자녀를 잘 키우신 어머님도 꼭 한번 뵙고 싶다는 인사를 드렸습니다. 놀랍게도 그 어머니가 교회에 방문해주셨고, 등록하시겠다는 말도 들었습니다.

스승의 날에는 아동부 친구들에게 학교선생님 중에 교회에 초대하고 싶은 선생님을 존경하는 이유와 함께 써내라고 할 것입니다. 그래서 그 중 잘쓴 아이의 편지를 가지고 선생님을 찾아뵈려고 합니다. (중략)

특별히 거친 아이나 가족 중 혼자서만 교회를 다니는 아이에게 더 마음을 쓰고 있습니다.

그중 민재(가명)는 예배 태도, 생활 태도 모두 가장 눈에 띄게 변했고, 지금은 쑥스러워 하면서도 제게 친근감을 보여줍니다. 무엇보다 결석생이 거의 없습니다. 또한 아이들에게 친구를 전도하고 싶어 하는 마음들이 생겼습니다.

아직 교사가 없는 형편이지만 출석체크, 주일헌금 계수, 예배의자 준비, PPT 연결 등을 모두 아이들이 직접 하고 있습니다. 모두가 나름대로 자원하여 일을 맡아서 예배를 올려드릴 수 있어 감사합니다.

나는 이 보고문을 읽으면서 교회학교 부흥에 관한 지극히 밝은 희망을 품게 되었다. 교회학교 교역자는 먼저 교사들과 함께 금식하면서 하나님께 간절히 기도하는 시간을 갖는다. 그 후에 어린이교육의 중요성과 하나님의 존귀한 자녀들을 진심으로 사랑하는 도산 안창호 선생의 '사랑하기 공부'를 위한 구체적인 지혜를 모은다.

이미 출석하고 있는 어린이의 부모님을 개별적으로 혹은 공동 초청으로 만나서 교회학교의 새로운 꿈을 진지하게 나눈 후에 교회학교와 가정의 공동 노력 목표를 세운다.

- 교육은 성경암송, 성경읽기, 성경쓰기 및 신앙위인전기 읽기와 독후감쓰기, 독후감 발표와 질의문답 훈련하기 등에 힘쓴다.

- 부모님에게 드리는 선물용 탁상 화분을 공동 구입한다.

- 화분 만들기 전문가를 초청하여 선물용 탁상 화분 만들기 실습을 공과시간에 익힌다.

- 전도용 탁상 화분 만들기와 칭찬 편지쓰기를 익힌다.

- 지역학교 교장선생님과 지역 거주 은퇴 교장선생님을 초청하여 말씀듣기와 선물 드리기 등을 한다.

- 부모가 믿지 않는 아이나 거친 아이들을 특별한 관심으로 돌본다.

- 교회학교 어린이들이 만든 탁상 화분에 편지글을 써서 전도한다.

예배와 찬송, 말씀암송과 책읽기, 신덕지체 훈련과 전도 등을 즐겁게 열심히 생활화하는 교육으로 예수 그리스도의 참제자로 자라가는 교회학교가 세워지길 소망한다.

희망의 원천이 되시는 하나님이 여러분에게 믿음으로 기쁨과 평안을 마음껏 누리게 하셔서 여러분의 희망이 성령님의 능력으로 넘치기를 바랍니다 롬 15:13 현대인의성경

바람직한
영성훈련과 전도훈련

  영성이란 말씀과 기도와 인격의 아름다운 만남이라고 정의하고 싶다. 말씀은 곧 하나님이시며, 예수 그리스도시라고 성경은 증언한다(요 1:1,14). 기도는 영이신 하나님과 대화하는 것이며, 신앙인격은 말씀과 삶의 일치를 지향하는 훈련으로 쌓여진다.

  따라서 올바른 영성훈련이란 말씀을 먼저 내 안에 모시는 일, 곧 말씀을 사모하는 마음으로 힘써 암송하는 것부터 시작하여 암송한 말씀을 수시로 묵상하며 일상의 삶에 적용하는 영적 훈련(spiritual training)을 가리킨다. 디모데후서 3장 16,17절이 이를 극명히 밝히고 있다.

  모든 성경은 하나님의 감동으로 된 것으로 교훈과 책망과 바르게 함과 의로 교육(training)하기에 유익하니 이는 하나님의 사람으

로 온전하게 하며 모든 선한 일을 행할 능력을 갖추게 하려 함이
라 딤후 3:16,17

말씀암송은 영성훈련의 절대불가결의 기본조건이며 필요조건이다. 그럼에도 불구하고 우리 교회의 현실은 어떠한가? 영성을 외치는 많은 지도자들이 말씀암송을 가볍게 다루거나 혹은 피해가는 것을 볼 때 얼마나 안타까운지…. 마치 기반을 닦지 않고 큰 건물만 세우려는 어리석은 건축자와 같다.

암송한 말씀 없이 묵상한다는 것은 총탄 없이 방아쇠를 당기는 것과 다름이 없으며, 말씀 암송 없이 제대로 QT를 한다는 것은 어불성설이다. 또한 말씀을 암송하지 않는 신앙생활은 얼마나 허황한지 모른다. 유니게과정 1단계 교육을 마친 한 집사님의 고백이다.

"나는 오늘까지 신앙생활을 열심히 해왔다고 생각했는데 말씀암송 훈련을 받고 보니 그동안의 신앙생활은 수박 겉 핥기 식이었음을 깨달았어요. 말씀의 참 맛을 이제야 알 것 같아요."

특별히 말씀의 암송 묵상 없이 기도에만 힘쓰다 보면 샤머니즘적인 '주시옵소서 기도'만 하게 될 뿐 아니라, 예수님의 성품을 닮아가야 할 신앙생활이 잘못된 길로 빠져들게 된다.

반면에 기도가 없는 말씀암송이나 말씀을 사모함 없이 사랑하기 위하여 말씀을 암송하면 교만이 따르게 마련이다. 그러므로 먼저 말씀

을 사모하는 마음이 요구되며, 기도가 함께하는 말씀암송 훈련이 꼭 필요하다. 말씀이 내 안에 거하면 마음에 기쁨과 감사가 넘친다. 세상이 밝게 비춰지고 설교듣기와 성경읽기가 즐거워진다. 모든 것이 하나님의 은혜로 받아들여지며, 집중력과 자신감이 생긴다.

얼굴이 환하게 밝아지고(잠 15:13), 겸손이 몸에 배게 된다. 예수님을 믿지 않는 사람을 보면 불쌍한 마음이 절로 일어나고, 믿는 사람이라도 말씀암송의 기쁨을 모르는 사람을 보면 그들에게도 이 기쁨을 맛보게 하고 싶은 마음으로 충만해진다. 전도의 기본인 긍휼의 마음이 절로 끓어오른다.

전도는 예수님의 지상명령일 뿐 아니라 교회와 성도의 첫째 되는 사명이기도 하다. 문제는 신앙의 정도(正道)와 방법을 잘 모른다는 데 있다. 아니, 그보다도 성도들의 가슴에 말씀을 모시고 사는 기쁨과 감격이 없다는 데 있다.

전도는 영적전쟁이기에 전도자는 성령충만해야 한다(행 1:8). 말씀을 내 안에 즐겨 모시고 사는 것이다. 말씀을 사모하는 마음으로 암송하고 이를 수시로 묵상하며 삶에 적용하다 보면 자연스럽게 성령충만하게 된다.

이슬비전도는 진실과 사랑으로 태신자의 마음에 감동을 일으켜서 스스로 굳게 닫혔던 마음 문을 열고 교회로 찾아오게 하는 전도법이다. 가을 논에서 이삭 줍듯이 새신자를 끌어모으려는 비인격적 전도가 아니다. 지극히 인격적이면서 진정한 영혼사랑과 끈기 있는 섬김으로 믿음 없는 광야에서 헤매는 한 영혼을 따뜻한 주님의 품 안으로 인도하는 전도이다.

이슬비전도편지

이 일을 제대로 하기 위해서는 훈련이 필요하다. 곧 황금률(黃金律)의 말씀(마 7:12)을 따라 태신자의 심리를 이해해야 하며, 좋은 땅 만들기(마 13:3-23) 법칙을 배워야 한다. 또한 사랑의 편지, 이슬비전도편지의 활용법을 익혀야 한다.

그리고 무엇보다도 바람직한 것은 유니게과정의 말씀암송 훈련을 받는 것이다. 말씀을 사모하고 암송하여 수시로 이를 묵상 적용하는 훈련과 이슬비전도 훈련을 병행하면 성숙한 성도이자 능력 있는 전도자가 될 수 있다.

온 가족이나 개인이 날마다 사모하는 마음으로
새 테필린을 반복 암송하고 이대로 살기를 힘쓴다면
우리 자녀들의 신앙은 믿음과 실천이 하나가 되는
참된 길로 나아갈 것이다.

7장

말씀대로 사는 훈련, 새 테필린

말씀대로
산다는 것

　말씀대로 산다는 것은 참으로 어려운 일이다. 우리는 모두 연약한 존재이지만 지향하는 바는 높다. 마냥 되는 대로 사는 사람이야 그런 마음조차 없겠지만, QT를 오래 한 경건한 성도들이 공통적으로 하는 말은 '그렇게 하기를 원한다' 혹은 '그렇게 되기를 기도한다'라는 말일 것이다.

　그들은 진리의 말씀을 날마다 읽고 그 뜻을 살피며 자기 삶에 적용하고, 반성하고, 결단한다. 그러나 어찌 성경 전체의 말씀대로 온전히 살 수 있겠는가. 결국 '그렇게 하기를 원한다' 혹은 '그렇게 되기를 기도한다'는 말로 넘어가는 게 고작일 것이다.

　그렇다면 어떻게 하는 것이 경건생활을 지향하는 사람의 정도(正道)일까? 오직 하나님의 말씀대로 살려면 하나님의 영, 그리스도의 영, 보혜사 성령의 충만함을 받는 것 외엔 달리 길이 없다. 이를 위해 먼저 무시로 기도에 힘쓰면서 말씀을 사모하는 마음으로 온 정성을 다하여 말씀을 읽거나 쓰거나 암송해야 한다. 또한 그 말씀대로 사는 훈련을 힘써 해야 한다. 성경은 여러 곳에서 이렇게 말씀하고 있다.

> 이 율법책을 네 입에서 떠나지 말게 하며 주야로 그것을 묵상하여 그 안에 기록된 대로 다 지켜 행하라 그리하면 네 길이 평탄하게 될 것이며 네가 형통하리라 수 1:8

> 그가 사모하는 영혼에게 만족을 주시며 주린 영혼에게 좋은 것으로 채워주심이로다 시 107:9

> 너희가 내 안에 거하고 내 말이 너희 안에 거하면 무엇이든지 원하는 대로 구하라 그리하면 이루리라 요 15:7

> 오직 성령이 너희에게 임하시면 너희가 권능을 받고 예루살렘과 온 유대와 사마리아와 땅 끝까지 이르러 내 증인이 되리라 행 1:8

미국 피드몬트대학교 총장인 강신권 박사는 그의 제자요 코헨대학교 부총장인 김형종 박사의 저서 《테필린》(Tefillin)의 추천서에서 이렇게 말하고 있다.

지금까지 유대인만큼 하나의 민족으로 연구되고 토론되어진 민족은 없었다고 해도 과언이 아니다. 그들의 고난과 축복, 끈질긴 생명력과 우수한 두뇌, 오늘날 다양한 분야에서 세계 경영의 핵심을 차지하고 있는 유대인들의 파워 등등. 그들의 이러한 독특한 특성은 역사적으로 지금까지 많은 사람들로 하여금 그들만의 비밀을 찾고자 노력했던 것이 사실이다. (중략)

이 책은 유대인 자녀교육의 핵심인 테필린이라는 독특한 종교 교육의 전통이 어떻게 그들의 사고의 중심, 말의 중심, 행위의 중심이 되었는가에 대하여 적절한 설명과 함께 구체적으로 알려주고 있다. 테필린은 단순히 종교적인 형식이 아니라 유대인 자녀교육의 전부이며 하나님이 가르쳐주신 유일한 말씀전수의 방법이다. (후략)

《테필린》의 저자 김형종 박사는 '테필린 자녀교육의 기적'의 항목에서 이렇게 말한다.

그들은 모국어인 히브리어와 신앙적인 전통, 하나님의 말씀인 토라의 핵심인 테필린의 말씀을 중심으로 살아가기에 어느 곳에 살든 상관없이 세대 간에 어떤 차이나 갈등이 전혀 없는 것이 특징이다. 또한 믿음 안에서 동일한 생각과 동일한 의식과 동일한 행동으로 시공간을 초월하여 하나의 기적을 이루며 살고 있다. 이것이 유대인들만이 가지는 신비한 삶이며 비밀이다.

유대인들은 출애굽 이후 모세 5경 토라(Tora) 가운데 핵심이 되는 말씀을 테필린 상자에 넣어 그것을 손목에 매어 기호를 삼고, 양미간에 붙여 표로 삼는데 그 내용은 아래와 같다.

첫째 방엔 구원(Salvation)의 말씀으로 출애굽기 13장 1-10절을, 둘째 방엔 봉헌(Offering)의 말씀으로 출애굽기 13장 11-16절을, 셋째 방엔 교육과 섬김(Serving)의 말씀으로 쉐마(Shema)라 불리는 신명기 6장 4-9절을, 넷째 방엔 축복(Blessing)의 말씀으로 신명기 11장 13-21절을 보관하고 이것을 가리켜 '테필린'이라 부른다.

그들은 이 말씀을 2,500년간 각자 손목에 매고 미간에 붙이고 집 문설주와 바깥문에 기록하여 항상 반복 암송하면서 그대로 살기를 힘써왔다. 유대인들은 디아스포라로 살면서 어느 나라에 가서 살든 이 규례를 온전히 지켜왔고, 지금도 마찬가지다.

나는 기도하는 가운데 우리도 신앙과 삶에 가장 필요한 말씀을 신구약에서 50절 이내로 뽑아서 유대민족의 테필린처럼 날마다 암송하며 그대로 살기를 평생 힘쓴다면, 우리 다음세대가 굳건한 믿음 위에 서리라는 꿈을 품게 되었다.

이것을 날마다 온 가족이 3번 이상 사모하는 마음으로 암송하면서 그대로 살기를 힘쓴다면 우리의 자녀들은 가장 바람직하게 자랄 것이다.

새 테필린 & 유니게 1, 2단계 영문 병풍카드

303비전꿈나무 성경말씀 쓰기노트

다음은 새 테필린의 내용이다.

1. **구원**(Salvation) 말씀 : 요 3:16, 행 1:8, 롬 3:23,24, 갈 2:20
2. **사랑**(Love) 말씀 : 요 13:34,35 (새 계명)
3. **성품**(Character) 말씀 : 수 1:8,9, 마 5:3–16, 마 6:33, 마 7:7–14, 고후 5:17
4. **성경**(Scripture) 말씀 : 요 1:1, 살전 2:13, 딤후 3:16,17, 히 4:12,13
5. **찬송과 기도**(Praise & Prayer) 말씀 : 시 100:1–5, 시 107:9, 렘 33:3, 사 43:21, 사 41:10, 마 6:9–13 (주기도문)

이상의 말씀은 모두 53절이다. 이스라엘 사람들의 테필린이 31절인데 비하면 조금 많은 편이나 이 정도는 5세 이상이면 1주일 혹은 2주일만 훈련하면 암송이 가능할 것이다. 그렇게 한 달만 반복하면 주기도문 수준까지 갈 수 있으리라 믿는다.

온 가족이나 개인이 날마다 사모하는 마음으로 새 테필린을 반복 암송하고 이대로 살기를 힘쓴다면 우리 자녀들의 신앙은 믿음과 실천이 하나가 되는 참된 길로 나아갈 것이다. 또한 그들의 삶이 기성세대와는 전혀 다른 성숙한 신앙인의 삶으로 정착하게 되리라 믿는다.

새 테필린으로 여는 자녀교육

　우리의 신앙생활에 변화가 일어나야 할 때가 왔다. 한국의 기독교는 지금 사면초가다. 공중 권세 잡은 악령들로 말미암아 세상은 기독교를 폄하하고 미워하며 헐뜯고 있다. 그러나 많은 기독교단체와 교회와 기독교인들이 가난하고 소외된 사람을 조용히 돕고 있다. 성경 말씀대로 오른손이 하는 것을 왼손이 모르게 선을 행하는 기관이나 개인이 셀 수 없이 많다.

　그러나 세상은 그런 사실을 당연시 여기거나 삐딱한 눈으로 보거나 외면한 채, 사이비 기독교 단체나 개인의 비리를 마치 기독교의 대표 기관이나 사람들이 저지르는 비행처럼 침소봉대하여 싸잡아 비난하고 있다.

　물론 교회와 기독교인들이 다 잘한다는 것은 아니다. 예수께서 말씀하신 말세에 사람들이 예수 믿는 사람들을 박해하리라는 예언의 말씀이 이뤄지기 위해 덕이 되지 않는 부끄러운 일들이 일어날 수 있다고 본다.

따라서 우리는 전지전능하신 하나님 앞에 엎드려 회개해야 한다. 다음으로 다음세대의 주인공이 될 자녀교육의 변화에 온 정성을 다할 필요를 절실히 느낀다. 교육은 백년지대계라고 하지 않는가. 제도나 규칙을 바꾼다고 하루 이틀 새 무언가가 될 수 없는 것이 교육이다.

지금 한국교회와 교회학교는 아슬아슬한 백척간두에 서 있다. 삶 따로 말씀 따로의 신앙생활이 성도들과 목회자들 사이에 별다른 마음의 가책 없이 보편화되고 있다. 그러나 우린 깨어 일어날 수 있다. 다시 일어나야만 하는 사명이 오늘의 기성세대에게 있다.

그렇다면 무엇을 어디서부터 어떻게 시작해야 할까? 다시 말하지만 회개부터 해야 한다. 회개하되 철저히 해야 한다. 동시에 교회 중심의 '가르치려는 자녀교육'에서 교회와 가정이 협력하는 '말씀암송훈련을 우선순위로 하는 교회교육'과 '자녀주도형 암송가정예배를 권장하는 교회교육'이 되어야 한다.

유대인들은 2,500년 동안 나라 없는 유랑민족으로 세계 각국에 흩어져 온갖 박해를 받으며 살아오면서도 가정에서의 암송, 예배, 생활 교육으로 한결같은 민족의식을 지켜왔다. 우리는 그들의 자녀교육에 관심을 기울여야 한다. 유대인들의 '테필린 암송교육'의 강점을 본받아 기독교 신앙에 맞는 '새 테필린 암송교육'을 이루어보자는 것이다.

유대인의 테필린은 토라의 핵심요절 31절을 날마다 암송묵상 적용실천한다. 우리는 앞에서 언급한 것처럼 '예수님의 새 계명'을 비롯해 생명의 말씀 가운데 핵심요절 53절을 엄선하였다. 가정에서 이것을 자녀와 함께 날마다 암송묵상 적용실천하는 훈련을 시작하면 좋을 것이다.

내가 시안(試案)을 만들고 여러 의견과 조언을 참고하여 최종 결정된 새 테필린은 다음과 같다. 앞에서도 살펴보았지만, 간단한 내용 정리와 함께 다시 살펴보자. 각 가정이 구절을 자유롭게 선택하여 실천하면 된다.

첫째, 구원의 확신과 전도에 관한 말씀 (요 3:16, 행 1:8, 롬 3:23,24, 갈 2:20)
요한복음 3장 16절과 사도행전 1장 8절은 예수님의 말씀이며, 로마서 3장 23,24절과 갈라디아서 2장 20절 말씀은 바울 사도의 증언이다.

둘째, 사랑에 관한 말씀 (요 13:34,35)
"새 계명을 너희에게 주노니 서로 사랑하라 내가 너희를 사랑한 것 같이 너희도 서로 사랑하라 너희가 서로 사랑하면 이로써 모든 사람이 너희가 내 제자인 줄 알리라"는 말씀이다.

셋째, 성품에 관한 말씀 (수 1:8,9, 마 5:3-16, 마 6:33, 마 7:7-14, 고후 5:17)
한국교회의 취약점은 말씀의 생활화이기에 가장 많은 분량의 말씀을 모았다. 여호수아서 1장 8,9절은 가나안 정복을 위한 기본자세로서 '말씀 암송 – 묵상 – 준행 – 축복'의 공식이기도 하다. 예수님의 산상수훈 가운데 팔복을 시작으로 마태복음 5,6,7장 말씀의 핵심을 택했다. 고린도후서 5장 17절은 성도의 변화된 모습이다.

넷째, 성경에 관한 말씀(요 1:1, 살전 2:13, 딤후 3:16,17, 히 4:12,13)
말씀은 곧 하나님이시라는 사실과 암송된 말씀의 권능을 알게 한다.

다섯째, 찬송과 기도에 관한 말씀(시 100:1-5, 시 107:9, 사 43:21, 사 41:10, 렘 33:3, 마 6:9-13(주기도문, The Lord's Prayer)

우리의 궁극적인 목적은 말씀의 생활화이다. 이는 어려서부터 가정과 교회에서 부모와 교사들의 삶의 모범을 따라 말씀암송 – 묵상 – 실천이 체질화되게 하는 점진적인 훈련을 할 때 이뤄진다.

이미 우리는 1999년부터 303비전 유니게과정의 1,2단계 각 100절과 오늘의 새 테필린 암송요절을 포함한 더 많은 분량의 말씀들을 즐겁게 암송하여 삶에 적용 실천하도록 훈련해오고 있다. 다만, 유니게과정 훈련을 받지 못한 가정도 더 쉽게 말씀암송의 생활화와 체질화를 위한 훈련에 참여할 수 있도록 정식 코스인 유니게과정 교육과 단축 코스인 새 테필린 암송교육을 병행하려고 한다.

특별히 새 테필린 암송요절의 절반에 달하는 말씀을 성품훈련에 둔 이유는 말씀의 생활화에 무게를 두었기 때문이다. 다시 말하면 율법적인 도덕이 아닌 예수님의 말씀을 중심으로 성령충만한 삶 가운데 정직성과 이타성을 기르는 데 중점을 두었다.

유니게과정 훈련을 미처 받지 못한 가정에서는 새 테필린의 암송요절을 한 주가 걸리든 한 달이 걸리든 먼저 주기도문 수준으로 암송하는 것이 필수이다.

가정예배 때마다 한 번씩 온 가족이 한 목소리로 유니게과정 1단계 100절을, 혹은 2단계 100절을, 혹은 새 테필린 53절을 능력이 닿는 데까지 암송하라. 사모하는 마음으로 즐겁게 암송묵상하고 준행하기를 지속한다면 부모와 자녀의 삶이 놀랍게 변화될 줄로 믿는다.

유대인의 테필린과
우리의 새 테필린

유대인의 테필린은 구원(Salvation: 출 13:1-10), 봉헌(Offering: 출 13:11-16), 쉐마(Shema: 신 6:4-9), 축복(Blessing: 신 11:13-21)의 네 분야로 나뉘어 있다. 유대인들은 2,500년 동안 테필린을 가정마다 반복 암송하는 전통을 지켜왔다.

그들은 이것을 세대를 막론하고 한 목소리로 날마다 마음과 뜻을 다하여 외운다. 그로 말미암아 가정이 하나 되어 할아버지와 할머니로부터 아버지와 어머니, 어린 손자손녀에 이르기까지 위계질서 가운데 서로 인격을 존중하며 아끼는 가족공동체를 이루며 산다.

우리의 과거와 오늘의 사정과 형편은 어떤가? 삼국시대를 거쳐 고려 통일시대에는 불교문화 속에 살았다. 근세조선시대에는 유교문화의 가족중심제도 속에서 단란한 가족공동체의 장점을 누리며 살아왔지만, 남녀차별과 가부장제도의 모순들이 누적되어왔다.

그런 가운데 우리는 여권의 상승과 개인 인권존중의 시대적 홍수에 떠내려가고 있다. 건전한 문화의 뒷받침이 거의 없는 이기적인 물질주의의 모순을 껴안고 발버둥치는 어지러운 시대에 살고 있다. 크리스천 가정이라 할지라도 급속히 받아들인 신앙은 세상의 모든 탁류가 뒤범벅되었다. 기독교의 긍휼과 사랑은 교회 설교와 학습에서만 있을 뿐, 죄성을 가진 인간의 본성에 이끌려 말씀 따로 삶 따로인 신앙생활에 익숙해져있지는 않은가.

선지자 이사야가 성령의 감동으로 이스라엘을 향해 외친 말씀이 있다. 이사야서 60장 1,2,3절은 오늘날 우리 민족을 향한 선지자의 예언으로 받아들이기에 합당한 말씀이다.

일어나라 빛을 발하라 이는 네 빛이 이르렀고 여호와의 영광이 네 위에 임하였음이니라

보라 어둠이 땅을 덮을 것이며 캄캄함이 만민을 가리려니와 오직 여호와께서 네 위에 임하실 것이며 그의 영광이 네 위에 나타나리니

나라들은 네 빛으로, 왕들은 비치는 네 광명으로 나아오리라

우리가 진리요, 생명이신 하나님의 말씀을 경건히 받아들여 우리의 참된 몫을 다할 때 주께서 우리나라를 하나님의 제사장의 나라와 민족으로 삼으실 것이다. 어둠 속에서 방황하던 세계 열방과 지도자들이 앞다투어 밝게 빛나는 이 나라를 배우고 본받으러 달려올 것으로 예언되어 있지 아니한가. 그렇다면 우리의 참된 몫은 무엇일까? 우리 백성이 주 예수 그리스도의 성품을 닮아가는 것이라 하겠다.

캠페인 같은 일회성 운동을 통해 단기간에 우리가 맡은 몫을 다하는 것은 불가능한 일이다. 오직 점진정신으로 이루어가야 한다. 일찍이 도산 안창호 선생은 일제하의 긴박한 위기 속에서 20대에 이 땅에 최초의 초등학교가 될 점진학교를 세웠고, 교가를 손수 지어 부르기까지 했다.

그렇게 뛰어난 선견지명으로 세워진 점진학교는 슬프게도 일제에 의해 문을 닫게 되었다. 그러자 도산은 미국에서 흥사단을 조직하여 국내외에서 피가 끓는 열혈 애국청년들을 하나둘 모아 철저한 인격훈련에 힘썼다.

또한 유대인들의 2,500년 전통을 자랑하는 테필린 암송과 묵상생활을 본받는 것이 오늘을 사는 크리스천의 지혜라 여겨진다. 그들은 이 말씀을 손목에 매고 미간에 붙여서 집에 앉았을 때나, 길을 갈 때나, 누웠을 때나, 일어날 때에나 말씀을 암송하고 그 뜻을 새겼다. 그 일을 유랑민족으로 살면서 온갖 박해와 수모 속에서도 끊임없이 지속하였다.

유대인의 정신을 본받으면 좋겠다. 새 테필린의 말씀을 유대인처럼 철저히 할 수 없다 할지라도, 하루에 3번 이상 사모하는 마음으로 암송 묵상하며 살아가기 원한다.

그러면 우리의 어린이들은 참된 신앙생활이 자연스럽게 몸에 배일 것이다. 청장년은 어린이보다는 더딜지라도 한 해 두 해 지나갈수록 말씀의 생활화가 될 것이며, 점진적인 인격도야가 이루어지게 마련이다.

지속은 성공의 열쇠다. 지속 없는 성공은 기대할 수 없다. 생명의 말씀, 진리의 말씀을 사모하는 마음으로 암송하며 말씀대로 살기를 힘쓸 때 주께서 성령의 충만함을 허락하신다. 모든 크리스천 공동체 구성원들마다 새 테필린 53절의 말씀암송과 묵상이 일과가 될 때 주께서 이 나라를 세계의 제사장나라로 만들어주시리라.

주께 받은 사명을 다함에 있어서
자신이 할 수 있는 최선을 다하리라는 다짐과 함께
하나님의 전적인 도우심을 구하는
토저의 믿음과 지혜에 감동한다.

8장

독서와
묵상훈련

A.W. 토저의
〈목사서약 기도문〉을 묵상하며

제임스 스나이더의 저서 《하나님이 평생 쓰신 사람》(이용복 옮김, 규장, 2007)을 읽다가 메모해두었던 A.W. 토저의 〈목사서약 기도문〉을 우연히 다시 읽고 묵상하게 되었다.

토저는 목사안수 받는 것을 결코 가벼운 일로 여기지 않았다. 한적한 야영지에서 혼자 있을 수 있는 장소를 찾았다. 거기서 하나님 앞에 마음을 쏟아놓으며 기도와 묵상에 힘썼다. 그때 하나님 앞에 드린 서약을 후에 글로 잘 정리하여 그가 편집을 맡고 있던 〈연합 증인〉의 초기 발행분 중 하나를 통해서 발표했다.

토저는 1897년에 태어나 23세에 목사 안수를 받고 66세, 곧 1963년에 하늘나라로 갈 때까지 44년간 기독교선교연합 교단에 소속된 목사로서 저술가, 교단기관지 편집장, 성경세미나 강사, 교단 리더로 사역하면서 이 서약을 정직하게 지킨 것으로 잘 알려져있다.

목사서약 기도문 1

오, 주님! 저는 주님의 음성을 듣고 두려웠습니다. 중차대한 위기의 때에 주님은 저에게 거룩한 일을 맡기려고 부르셨습니다. 주님은 흔들릴 수 없는 것들만 남도록 만국(萬國)과 온 땅과 하늘을 뒤흔드실 것입니다.

오, 주님! 나의 주님! 주님은 스스로 낮추시고 저를 높이시어 저를 주님의 종으로 세우셨습니다. 아론처럼 하나님께 부름 받은 자들이 아니고서는 주님의 종이 되는 영광을 스스로 취할 수 없습니다. 주님이 저에게 안수를 허락하신 것은 마음이 완고하고 듣는 것이 더딘 자들에게 복음을 전하도록 하기 위함입니다. 그들은 주인 되시는 주님을 거부했으므로 종이 된 저 역시 거부할 것입니다.

나의 묵상

토저는 성경읽기와 기도와 묵상 중에 주님의 부르심을 받고, 먼저 존귀하신 주께서 죄인 된 자신을 거룩한 주님의 종으로 부르신 은혜에 숨이 막히도록 머리 조아려 감격했다.

주께서 이스라엘 열두 지파 중에서 아론을 지명하여 제사장의 족속으로 삼으신 것처럼 하나님의 특별하신 은총이 아니고서는 자신을 목사로 부르심 같은 일은 결코 있을 수 없다. 그는 자신을 부르신 소명의식과 자기가 받은 대사명(Grand Committment) 곧 복음전파의 사명을 확인하면서, 불신자들이 마음의 문을 굳게 닫고 주님을 거부하였듯이 복음전파의 사명을 받은 자신을 거부할 것을 알고 십자가의 멍에를 멜 것을 주님 앞에 굳건히 다짐하였다.

이 기도를 묵상하면서 로마서 1장 1절 말씀이 떠오른다.

"예수 그리스도의 종 바울은 사도로 부르심을 받아 하나님의 복음을 위하여 택정함을 입었으니."

이 고백 속에서 바울은 사도로 부르심 받은 소명(calling)과 복음전파자로 택정하심 받은 사명(mission)을 밝히고 있다.

토저는 목사로 부르심 받은 소명과 복음전파의 사명을 감격하며 받아들이는 동시에, 그 사명을 준행할 때 만날 고난을 예견하고 죽으면 죽으리라는 각오를 다짐한다.

일할 나이로 보나, 능력으로 보나, 믿음으로 보나 하잘것없는 이 죄인에게 맡겨주신 303비전성경암송학교 유니게과정을 통한 젊은 엄마들의 암송교육과 성경적 자녀교육의 대사명을 묵상하며 두렵고 떨리는 마음으로 주님께 감사드린다.

목사서약 기도문 2

나의 하나님! 저는 저의 연약함과 무능력을 한탄하느라 시간을 낭비하지 않을 것입니다. 책임을 지시는 분은 제가 아니라 주님이십니다. 주님은 "내가 너를 알았고, 너를 구별하여 세웠고, 너를 거룩하게 하였다"라고 말씀하셨고, 또한 "내가 너를 누구에게 보내든지 너는 그에게 갈지어다. 그리고 내가 네게 명한 것을 모두 말할지어다"라고 말씀하셨습니다.

제가 누구관대 주님과 논쟁을 벌이겠습니까?

제가 누구관대 주님의 주권적 선택을 문제 삼을 수 있겠습니까?

결정을 내리시는 분은 제가 아니라 주님이십니다. 주여, 주님이 결정하소서. 제 뜻대로 마시고 주님 뜻대로 하소서.

선지자들과 사도들의 하나님이시여! 제가 하나님을 높이면 하나님께서 저를 높이실 것입니다.

그러하오니 자비하신 하나님, 제가 이 엄숙한 서약을 평생의 사역 동안 지켜서 하나님께 영광을 돌리게 하소서. 순풍에 돛을 달든 역풍에 힘들어 하든, 살든지 죽든지 생명이 붙어 있는 한 이 서약을 지키게 하소서.

나의 묵상

토저의 마음가짐에서 크게 두 가지의 지혜를 발견한다. 하나는, 하나님 앞에 목사로 부르심 받은 사명자로서 토저는 이후부터 비록 부족한 것이 많을지라도 자아 연마를 위한다는 구실로 귀중한 시간을 결코 낭비하지 않겠다는 굳은 결의를 보인다. 그는 전지전능하신 하나님께서 모든 것을 책임져주시리라 믿고 자신은 오직 주님의 명령대로, 결정대로, 주님의 뜻대로 준행하리라고 서약하고 있다.

다른 하나는, 이 엄숙한 서약을 어떤 난관이 있을지라도, 혹은 어떤 형통함이 있을지라도 평생토록 잘 지켜서 하나님께 영광을 돌릴 수 있게 해달라고 간구한다. 여기에서 자신의 굳은 결의를 보이는 데 그치지 않고 하나님의 붙드심과 도우심을 간절히 구한다.

주께 받은 사명을 다함에 있어서 자신이 할 수 있는 최선을 다하리라는 다짐과 함께 하나님의 전적인 도우심을 구하는 그의 믿음과 지혜에 감동한다.

목사서약 기도문 3

오, 하나님! 이제 하나님이 일하실 때가 되었습니다. 원수가 하나님의 초장에 들어가 양들을 찢고 흩어버렸나이다. 그렇지만 양들이 위험하지 않다고 주장하는 거짓 목자들이 너무 많습니다. 그들은 하나님의 양떼에게 닥치는 위험을 무시합니다. 이런 삯꾼들에게 속은 양들은 가엾게도 그들을 열심히 따르지만, 그러는 동안 늑대가 양들을 죽이고 멸망시키기 위해 다가옵니다.

하나님이시여! 구하오니 제게 원수의 접근을 감지할 수 있는 지혜를 주소서. 제가 본 것을 성실하게 전하도록 제게 용기를 주소서. 저의 음성이 주님의 음성을 닮게 하소서. 그리하시면, 심지어 병든 양들도 저를 통해 주님의 음성을 듣고 주님을 따를 것입니다.

나의 묵상

토저가 23세에 목사안수를 받았으니 1920년경 미국 교회의 어두웠던 상황이 이해되는 대목이다. 그러나 우리는 죄성이 가득한 인간들이기에 그때나 지금이나 미국에서나 한국에서나 하나님의 마음을 심히 아프게 하는 일들이 일어나고 있는 게 현실이다.

303비전을 받은 나는 30년 후면 이 땅의 주인공이 될 우리의 어린 자녀들에게 교육의 타이밍을 놓치지 않고 말씀암송을 가정과 교회에서 교육의 우선순위로 가르치는 일에 전심을 다하고 있다. 자녀를 위하고, 자녀가 주도하는, 자녀가 즐거운 마음으로 드리는 매일가정에

배에 관심을 기울이지 않는 목회자들을 주께서 일깨워주시기를 간절히 기도할 수밖에 없는 우리의 현실이 매우 안타깝다.

목사서약 기도문 4

주 예수님, 주께 나아오니 저를 영적으로 준비시키소서. 저에게 손을 얹으소서. 신약의 선지자의 기름으로 제게 기름 부으소서. 제가 종교적 서기관이 되지 않게 하소서. 제가 저의 선지자적 사명을 망각하는 잘못을 범하지 않도록 지켜주소서. 현대의 성직자들의 얼굴에서 왠지 모르게 느껴지는 저주의 씨앗들에서 벗어나게 하소서. 그리하시면 제가 타협하고 다른 사람들을 모방하고 직업적 타성에 빠지는 저주스런 행태에서 벗어날 수 있을 것입니다.

교회의 규모, 교회의 인지도 그리고 교회의 연간 헌금 액수를 기준으로 교회를 판단하는 어리석은 짓을 하지 않도록 도우소서. 제가 흥행주(興行主)나 종교적 관리자가 아니라 선지자라는 것을 기억하게 하소서. 제가 선지자임을 잊지 않게 하소서. 제가 잔뜩 모여 웅성거리는 대중의 종이 되지 않게 하소서. 저의 육신적 야망을 고쳐주소서. 인기를 얻어야 직성이 풀리는 명예욕에서 저를 건지소서. 또한 제가 물질의 노예가 되지 않게 하소서. 집안 이곳저곳을 돌아다니며 빈둥거리면서 세월을 낭비하는 사람이 되지 않게 하소서.

나의 묵상

선지자의 사명을 받고 목사가 될 자신을 주께서 성결하게 하사 종교적 서기관, 곧 입으로는 하나님의 말씀을 가르치면서 실상은 하나님의 영을 떠난 삶은 결코 살지 않게 도와주시기를 간구하는 모습이 정말 존경스럽다. 나는 비록 목사는 아니지만 303비전메이커의 사명을 받은 자로서 역시 성결한 영으로 무장한 선지자적 삶으로 주께 영광 돌리기를 다짐한다.

목사서약 기도문 5

오, 하나님이여! 하나님을 두려워하게 하소서. 그리하시면 제가 기도의 장소를 찾아서 정사와 권세와 이 어두움의 세상 주관자들과 싸울 것입니다. 제가 과식하지 않도록, 늦잠 자지 않도록 도우소서. 제가 제 자신을 잘 훈련하여 예수 그리스도의 선한 군사가 되게 하소서. 저는 이 세상에서 수고를 많이 하고 보답을 적게 받는 편을 택하겠습니다. 저는 편한 자리를 구하지 않습니다. 제 삶을 더 편하게 만들 수도 있는 비열한 방법들을 거부할 것입니다. 다른 사람들이 편한 길을 추구한다 할지라도, 저는 그들을 가혹하게 판단하지 않고 제 자신이 힘든 길을 택할 것입니다.

저를 대적하는 사람들이 생길 테지만, 그런 경우에도 차분히 대응할 것입니다. 주님의 친절한 백성들이 주님의 종들에게 흔히 그러하듯이 저에게도 감사의 예물을 억지로 주려고 할 때 저를 붙드셔서 제가 실족하지 않게 도우소서. 저에게 무엇이 주어지든지 그것을 선용할 줄 아는 지혜를 주소서. 그리하시면 그것 때문에 저의 영혼이 해를 입지 않을 것이고 그것 때문에 저의 영적 능력이 줄어들지도 않을 것입니다.

만일 주님께서 깊은 섭리 가운데 저로 하여금 주님의 교회에서 영예를 얻게 하신다 할지라도 제가 두 가지를 꼭 기억하게 하소서. 첫째, 제가 주님의 가장 작은 은혜조차 받을 자격이 없는 사람임을 기억하게 하소서. 둘째, 사람들이 저의 진짜 모습을 안다면 저에게 영예를 돌리지 않거나 그 영예를 저보다 더 자격 있는 사람들에게 돌릴 것임을 기억하게 하소서.

나의 묵상

'수고는 적게, 보상은 많이'가 보통 사람들의 마음이며, '수고한 대로 보상을'이 지극히 정상적인 사람의 마음이다. 그에 비하여, '수고는 많이, 보상은 적게'란 그리스도의 성품을 닮은 참 목자의 마음일 것이다.

더욱 놀라운 것은 토저가 이 목사서약을 온전히 지켰다는 사실이다.

"주님의 친절한 백성들이 … 무엇이 주어지든지 그것을 선용할줄 아는 지혜를 주소서."

이 얼마나 아름다운 마음인가!

"만일 주님께서 깊은 섭리 가운데 저로 하여금 주님의 교회에서 영예를 얻게 하신다 할지라도 제가 두 가지를 꼭 기억하게 하소서. 첫째, … 둘째, … 그 영예를 저보다 더 자격 있는 사람들에게 돌릴 것임을 기억하게 하소서."

목사서약 기도문 6

하늘과 땅의 주님이시여! 저의 남은 날들을 성별(聖別)하여 주님께 드립니다. 주님의 뜻에 따라 그 날들을 짧게도 하시고 길게도 하소서. 주님의 뜻이라면 제가 높은 사람들 앞에 서도록 하소서. 그러나 또 주님의 뜻이라면 제가 낮고 가난한 사람들을 찾아가 섬기게 하소서.

선택권은 저의 것이 아닙니다. 만일 제게 선택권이 있다 할지라도 그 선택권을 사용하지 않을 것입니다. 저는 주님의 뜻을 행하는 종일 뿐입니다. 지위와 재물과 명예보다 주님의 뜻이 제게는 더 소중합니다. 하늘과 땅의 그 어떤 것보다 주님의 뜻을 선택할 것입니다. 주님이 저를 택하시고 거룩하고 높은 소명을 받는 영광을 저에게 허락하셨습니다. 하지만 제가 재와 먼지라는 것을 기억하게 하시고, 제가 인류를 괴롭히는 선천적 결점과 격정(激情)들을 타고난 인간임을 잊지 않게 하소서.

나의 묵상

토저가 젊은 나이에 이렇게 놀랍도록 수준 높고 성결한 서약을 주께 드린 것을 생각하면 할수록 나는 그 네 배에 가까운 세월을 살아온 사람으로서 부끄럽기 이를 데가 없다.

토저는 주님의 종으로서 자기에겐 어떤 선택권도 없다는 것을 잘 알았다. 뿐만 아니라 혹시 선택권이 주어진다고 해도 주님의 뜻을 선택하리라는 절대순종을 밝힌다.

"저는 주님의 뜻을 행하는 종일 뿐입니다. 지위와 재물과 명예보다 주님의 뜻이 제게는 더 소중합니다. 하늘과 땅의 그 어떤 것보다 주님의 뜻을 선택할 것입니다. … 하지만 제가 재와 먼지라는 것을 기억하게 하시고, 제가 인류를 괴롭히는 선천적 결점과 격정들을 타고 난 인간임을 잊지 않게 하소서."

마치 바울 사도의 고백처럼 'sinful nature'(육체의 소욕)의 육신을 가진 자신을 망각하지 않게 해주실 것을 간구하는 참 겸손을 발견한다.

목사서약 기도문 7

그러하오니 나의 주, 나의 구원자시여! 저를 제 자신에게서 건지소서. 제가 다른 사람들에게 복된 존재가 되려고 노력하는 중에 제 자신에게 상처를 입히지 않게 하소서. 저를 성령의 능력으로 충만케 하소서. 그리하시면 제가 주님의 능력 안에서 행하고 주님의 의(義)를 선포할 것입니다. 오직 주님의 의만을 선포할 것입니다. 저는 저의 목숨이 붙어 있는 한 주님의 구속(救贖)의 사랑의 메시지를 널리 전할 것입니다. 그러하오니 사랑의 주님! 제가 늙고 지쳐서 더 일할 수 없을 때 하늘에 저의 처소를 마련하시고 제가 영원한 영광 중에 거하는 주님의 성도들 중 하나가 되게 하소서. 예수님의 이름으로 기도드립니다. 아멘.

나의 묵상

"제 자신에게 상처를 입히지 않게 하소서."

나는 이 지극히 짧은 문장에서 많은 것을 깨닫고 도전받았다. 토저는 모태에서 태어날 때부터 흠투성이요, 성질 나쁘고 연약하기 이를 데 없는 자기 자신을 너무나 잘 알고 있었다.

뿐만 아니라 매사에 집착력이 강한 것도 잘 알고 있었다. 그래서 슬퍼하고 회개하며 철저히 통회하되, 죄성을 가지고 태어난 자아를 치유한답시고 자신에게 향하신 하나님의 크신 뜻과 존귀한 복음전파의 대사명을 이루는 일을 게을리하지 않기를 간구하고 있다.

"저를 성령의 능력으로 충만케 하소서."

또한 토저가 기도를 마치기 직전에 지극히 짧게 드린 이 간구도 감동적이다. 이미 성령충만한 상태에서 서원기도를 드리면서도 그는 23세의 피끓는 젊은이로서 복음전파의 사명수행을 위해 더 충만한 성령님의 임재를 간구하고 있다. 이런 모습이 모든 사명자들 곧 목사, 선교사, 그밖에 주님의 복음사역을 행하는 모든 사명자들에게 어찌 큰 귀감이 되지 않으랴.

"그리하시면 제가 주님의 능력 안에서 행하고 주님의 의를 선포할 것입니다. … 저는 저의 목숨이 붙어 있는 한 주님의 구속의 사랑의 메시지를 널리 전할 것입니다."

토저의 이 기도를 묵상하면서 바울이 밀레도에서 에베소교회 장로에게 들려준 감동의 이별사가 떠올랐다.

"내가 달려갈 길과 주 예수께 받은 사명 곧 하나님의 은혜의 복음을 증언하는 일을 마치려 함에는 나의 생명조차 조금도 귀한 것으로 여기지 아니하노라"(행 20:24).

바울은 평생을 복음 증거하는 일에 헌신하다가 말년에 이르러 죽음의 길로 떠나면서 에베소교회의 장로들에게 이 말씀을 유언설교로 남겼다. 토저는 젊은 나이에 생명을 걸고 하나님께 복음전파를 서약하며 다음의 말을 하였으니 어딘지 공통점이 있음을 깨닫는다.

"그러하오니 사랑의 주님! 제가 늙고 지쳐서 더 일할 수 없을 때 하늘에 저의 처소를 마련하시고 제가 영원한 영광 중에 거하는 주님의 성도들 중 하나가 되게 하소서."

이 마지막 서원을 묵상하면서 나는 누가복음 23장 46절 말씀, 곧 예수님의 가상칠언 중 마지막 말씀이 떠올랐다.

"예수께서 큰 소리로 불러 이르시되 아버지 내 영혼을 아버지 손에 부탁하나이다 하고 이 말씀을 하신 후 숨지시니라."

A. W. 토저의 마이티(mighty) 시리즈

《무릎 꿇는 그리스도인》을
읽고

나는 규장에서 나오는 책은 되도록 초간본을 정독하는 편이다. 여기엔 두 가지 목적이 있다. 하나는 내가 처음 규장문화사를 설립할 당시 규장수칙 일곱 가지를 기도로 확정하고 이를 모든 규장 간행본의 판권에 명기해온 바 그중 세 번째와 네 번째의 수칙을 지키기 위함이다. 곧 "한 활자 한 문장에 온 정성을 쏟는다"와 "성실과 정확을 생명으로 삼고 일한다"라는 약속을 지키려는 것이다.

오늘까지 60년에 이르는 편집교정의 실무경험으로 보아 오자나 탈자가 전혀 없는 책을 발행하기란 매우 어려운 일임을 잘 안다. 그러기에 한 활자 한 문장에 온 정성을 쏟는다고 했던 것.

물론 지금은 편집뿐 아니라 일체의 경영을 아들에게 넘긴 지 오래일

뿐더러 뛰어난 젊은 인재들이 최선을 다하여 편집교정하고 있다. 그럼에도 불구하고 노파심으로 자진해서 그리하고 있다. 규장 간행본을 정독하는 또 하나의 이유는 기도로 기획 제작된 책인 줄을 알기에 그 내용에 담긴 진리를 배우고 은혜받기 위함이다.

오래전에 출간된 《무릎 꿇는 그리스도인》(The Kneeling Christian)을 읽으면서 '아, 이럴 수가?' 하며 많이 놀라고, 많이 깨닫고, 많이 회개하고, 많이 묵상하게 되었던 이야기를 나누고 싶다.

"우리는 종종 주님의 십자가상의 칠언(架上七言)에 대해 숙고하면서 많은 시간을 보낸다. 마땅히 그래야 한다. 그것은 유익하다. 그러나 당신은 구세주의 권면에 대해서 일곱 번에 걸친 '기도로의 초대'에 대해서 단 한 시간이라도 시간을 들여 묵상한 적이 있는가?"

이 부분을 읽고 나는 엎드러지고 말았다. 저자는 바로 내가 즐겨 암송하고 묵상한 지 오래인 요한복음 14, 15, 16장에서 예수님의 일곱 번에 걸친 기도로의 초대를 예시했다.

그토록 많은 시간을 들여 암송하고 반복 묵상하면서도 나는 그 귀하신 초대의 말씀에 귀를 기울이지 못했음이 얼마나 부끄럽고 죄스럽게 다가왔는지 모른다.

- 너희가 내 이름으로 무엇을 구하든지 내가 행하리니 이는 아버지로 하여금 아들로 말미암아 영광을 받으시게 하려 함이라(요 14:13).

- 내 이름으로 무엇이든지 내게 구하면 내가 행하리라(요 14:14).

- 너희가 내 안에 거하고 내 말이 너희 안에 거하면 무엇이든지 원하는 대로 구하라 그리하면 이루리라(요 15:7).

- 너희가 나를 택한 것이 아니요 내가 너희를 택하여 세웠나니 이는 너희로 가서 열매를 맺게 하고 또 너희 열매가 항상 있게 하여 내 이름으로 아버지께 무엇을 구하든지 다 받게 하려 함이라(요 15:16).

- 그 날에는 너희가 아무것도 내게 묻지 아니하리라 내가 진실로 진실로 너희에게 이르노니 너희가 무엇이든지 아버지께 구하는 것을 내 이름으로 주시리라(요 16:23).

- 지금까지는 너희가 내 이름으로 아무것도 구하지 아니하였으나 구하라 그리하면 받으리니 너희 기쁨이 충만하리라(요 16:24).

- 그 날에 너희가 내 이름으로 구할 것이요(요 16:26).

예수님의 고별 강론을 보면 영적으로 잠들어있는 제자들이 얼마나 안타까우셨으면 예수님이 일곱 번이나 거듭거듭 "내 이름으로 무엇이든지 내게 구하라 그리하면 내가 이룰 것이며, 아버지께서 내 이름으로 응답해주시리라"는 말씀을 강조하셨을까?

나는 특별히 요한복음 16장 24절 말씀에 찔림을 받아서 당장 예수님의 말씀을 우리말과 NIV로 암송하면서 303비전을 위하여 기도하기 시작했다. 그러자 기쁨이 샘솟았다.

지금까지는 너희가 내 이름으로 아무것도 구하지 아니하였으나 구하라 그리하면 받으리니 너희 기쁨이 충만하리라.
Until now you have not asked for anything in my name.
Ask and you will receive, and your joy will be complete.

우리는 성경을 비롯한 모든 책을 통하여 진리와 지식을 쌓아간다. 그 소중한 책들 가운데 성경이야말로 하나님의 말씀이며, 하나님 자체이다(요 1:1,14). 이 존귀한 성경을 읽고 쓰고 암송하며 주야로 묵상하는 자가 복이 있다고 시편 1편은 증언한다.

죄로 죽을 수밖에 없는 인간을 영생으로 인도하시기 위해 예수님은 십자가를 감당하셨고 다시 부활하셨다. 그분은 구원뿐 아니라 연약한 인간이 기도를 통하여 복을 누리도록 이처럼 일곱 번에 걸친 '기도로의 초대'를 하셨다. 단 한 시간이라도 시간과 정성을 드려서 이 말씀을 묵상하는 이가 복이 있으리라.

〈지도자의 역설적인 십계명〉에
대해

나는 초등학교 6학년 때 조국의 광복을 맞았다. 그래서 동네에서 한학에 조예가 깊었던 한약방 의사인 자형한테《동몽선습》(童蒙先習)을 배웠고, 중학생 시절 방학 기간에는 아버지께《중용》과《대학》을 배웠다. 동양고전이라 하면《사서삼경》(四書三經)을 꼽는데 사서 중 하나인《대학》은 이렇게 시작한다.

"대학의 도(道)는 밝은 덕을 밝힘에 있으며, 백성을 가까이하는 데 있으며, 지극한 선에 머무름 곧 모든 선한 일에 최선을 다함에 있다"(大學之道 在明明德 在親民 在止於至善).

내가 30대 초 국사편찬위원회에서 주관하는《조선왕조실록》의 복간 사업을 부사장직을 맡고 있던 탐구당에서 간행할 때, 어린시절 가정교육의 도움이 컸던 것으로 기억한다. 그 당시 한 일화가 생각난다.

국사편찬위원회에서 국보급 장서인 방대한《승정원일기》(承政院日

記)에 구두점을 찍는 귀한 일을 하던 십여 명의 할아버지들이 계셨다. 한학에 조예가 깊은 노학자들이셨는데, 대화를 나누던 중 한 분이 문득 물으셨다.

"선생은《대학》이 무슨 책이라 생각하시오?"

나는 평소에 묵상하고 있던 바가 있었기에 스스럼없이 대답했다.

"예, '지도자론'이라고 생각합니다."

그때 나의 대답을 듣고 무척 놀라워하는 노학자들의 눈빛이 지금도 눈에 선하다. 그들은 은근히 나의 한학실력을 테스트하기 위해 물었기에 필경 "대학지도는 재명명덕하며…" 하고 대학의 첫 문장을 언급할 것으로 기대했다가 뜻밖에 '지도자론'이라는 표현에 놀랐을 것으로 짐작된다. 나는 예수 그리스도를 구주로 영접하고 신구약성경에 심취하고 있는 지금도, 동양 고전의 높고 깊은 지혜와 정직성과 성실성에 존경심을 품고 산다.

〈지도자의 역설적인 십계명〉은 1968년에 켄트 키스(Kent M. Keith)가 하버드 대학생이었던 19세 때 작성한 것이다. 이 시는 50여 년 가까이 지난 오늘도 전 세계 80여 나라에서 널리 사랑받고 있다. 노벨평화상 수상자인 테레사 수녀도 사무실에 걸어놓고 삶의 지침으로 삼았다고 한다. 고(故) 강영우 박사에 의하면, 미국 최고공직자 등용의 세 가지 요건인 3C 곧 Character(인격), Competence(실력), Commitment(헌신)가 〈지도자의 역설적인 십계명〉 속에 다 들어있다.

지도자의 역설적인 십계명

1. 사람들은 비논리적이고 비이성적이며 자기중심적이다. 그래도 그들을 사랑하라.

2. 선을 행하면 자신을 위한 다른 속셈이 있다고 비난할 것이다. 그래도 선을 행하라.

3. 성공하면 거짓된 친구나 적이 생길 것이다. 그래도 성공하라.

4. 오늘 한 선행이 내일은 잊혀질 수 있다. 그래도 선을 행하라.

5. 정직과 솔직함 때문에 상처 입을 수 있다. 그래도 정직하고 솔직하라.

6. 가장 원대한 이상을 품은 위대한 사람들이 가장 편협한 졸장부 때문에 넘어질 수 있다. 그래도 큰 뜻을 품어라.

7. 사람들은 약자를 선호하나 강자만을 따른다. 그래도 소수의 약자 편에 서서 투쟁하라.

8. 당신이 오랫동안 쌓은 것이 하룻밤 사이에 무너질 수 있다. 그래도 쌓아 올리라.

9. 도움이 간절히 필요한 사람들에게 도움을 주고도 공격받을 수 있다. 그래도 그들을 도우라.

10. 당신이 가진 최고의 것을 주고도 세상의 비난을 받을 수 있다. 그래도 당신이 가진 가장 값진 것을 세상에 주어라.

이 십계명을 보면 어지러운 현실에서 일어나고 있는 비인격적인 일을 열 가지로 적시하고, '그래도' 지도자라면 손해와 불편을 무릅쓰고라도 사람의 정도를 지키라고 조언하고 있다. 이 조언이 얼마나 재미있고 지혜로운지 모른다. 하버드대학의 천재 학도가 동양 고전의 지혜서 《대학》의 사상을 구체적 실천사항으로 예시한 것같이 느껴진다.

한편 도산 안창호 선생의 정의돈수 곧 '사랑하기 공부'와 무실역행 곧 '정직하고 진실하고 부지런하게 행하라'라는 교훈과도 상통한다.

한국을 이끌어가는 정치, 경제, 사회, 교육, 종교 지도자라면 누구나 이 〈지도자의 역설적인 십계명〉을 좌우명으로 삼았으면 좋겠다. 또한 인격적 지도자의 꿈을 품은 젊은이들도 이것을 액자로 만들어 책상 위에 걸어놓고 인생의 좌우명으로 삼아도 좋겠다. 나아가 303비전으로 자녀를 키우는 부모님들이 성경암송과 함께 생활수칙으로 삼았으면 참 좋겠다.

말씀을 사랑하는 자녀 키우기

초판 1쇄 발행	2017년 9월 4일
지은이	여운학
펴낸이	여진구
책임편집	김아진, 서용연
편집	안수경, 최현수, 이영주
책임디자인	마영애, 노지현 ǀ 이혜영
기획·홍보	김영하
마케팅	김상순, 강성민, 허병용
제작	조영석, 정도봉
해외저작권	기은혜
마케팅지원	최영배, 정나영
경영지원	김혜정, 김경희
이슬비전도학교	최경식
303비전장학회 & 303비전꿈나무장학회	여운학
303비전성경암송학교	박정숙

펴낸곳   규장

주소 06770 서울시 서초구 매헌로 16길 20(양재2동) 규장선교센터
전화 02)578-0003   팩스 02)578-7332
이메일 kyujang0691@gmail.com
페이스북 facebook.com/kyujangbook
카카오스토리 story.kakao.com/kyujangbook
홈페이지 www.kyujang.com
인스타그램 instagram.com/kyujang_com
등록일 1978.8.14. 제1-22

ⓒ 저자와의 협약 아래 인지는 생략되었습니다.
이 출판물은 저작권법에 의해 보호를 받는 저작물이므로 무단 전재와 무단 복제를 할 수 없습니다.

책값 뒤표지에 있습니다.
ISBN 978-89-6097-508-8 03230

규 ǀ 장 ǀ 수 ǀ 칙

1. 기도로 기획하고 기도로 제작한다.
2. 오직 그리스도의 성품을 사모하는 독자가 원하고 필요로 하는 책만을 출판한다.
3. 한 활자 한 문장에 온 정성을 쏟는다.
4. 성실과 정확을 생명으로 삼고 일한다.
5. 긍정적이며 적극적인 신앙과 신행일치에의 안내자의 사명을 다한다.
6. 충고와 조언을 항상 감사로 경청한다.
7. 지상목표는 문서선교에 있다.

하나님을 사랑하는 자 곧 그의 뜻대로 부르심을 입은 자들에게는 모든 것이 合力하여 善을 이루느니라(롬 8:28)

규장은 문서를 통해 복음전파와 신앙교육에 주력하는 국제적 출판사들의 협의체인 복음주의출판협회(E.C.P.A:Evangelical Christian Publishers Association)의 출판정신에 동참하는 회원(Associate Member)입니다.